辽宁省社会科学规划基金项目(编号 L21BYY009)研究成果
辽宁省教育厅科学研究经费项目(面上项目)(编号 LJKR0264)研究成果
大连海洋大学涉海外语翻译团队(编号 C202113)研究成果
大连海洋大学 2023 年度学科建设内涵培育专项项目(编号 14)研究成果

语用学翻译话语体系构建与生态翻译学译者行为研究

On the Construction of Translation Discourse System in Pragmatics and Translator Behaviors in Eco-translatology

李明秋　著

中国矿业大学出版社
·徐州·

图书在版编目(CIP)数据

语用学翻译话语体系构建与生态翻译学译者行为研究：汉英对照/李明秋著. —徐州：中国矿业大学出版社，2024. 8. — ISBN 978-7-5646-6358-2

Ⅰ. H059

中国国家版本馆 CIP 数据核字第 2024DK3323 号

书　　名　语用学翻译话语体系构建与生态翻译学译者行为研究
YUYONGXUE FANYI HUAYU TIXI GOUJIAN YU SHENGTAI FANYIXUE YIZHE XINGWEI YANJIU
著　　者　李明秋
责任编辑　张梦瑶
出版发行　中国矿业大学出版社有限责任公司
（江苏省徐州市解放南路　邮编 221008）
营销热线　(0516)83885370　83884103
出版服务　(0516)83995789　83884920
网　　址　http://www.cumtp.com　**E-mail**:cumtpvip@cumtp.com
印　　刷　苏州市古得堡数码印刷有限公司
开　　本　880 mm×1230 mm　1/32　**印张** 7.875　**字数** 139 千字
版次印次　2024 年 8 月第 1 版　2024 年 8 月第 1 次印刷
定　　价　37.00 元

前言

世界各国的发展离不开文化的交融。语言是交流的工具、文化的载体,也是了解一个国家的“钥匙”。翻译搭建起了跨越语言障碍的桥梁,让不同国籍的人能够进行有效的沟通,从而促进了世界各国的发展与文化交流。

随着工业 5.0 时代的到来,中国已从“中国制造”进入“中国创造”的转型时期。中国国际地位的提高、与世界各国的交流都离不开翻译人才。目前,全国现有的翻译从业人员远不能满足国家政治、经济、社会的需求。

中国的翻译市场正在不断扩大。《2024 年中国翻译行业发展报告》显示,截至 2023 年 12 月 31 日,全国范围内(不含港澳台)经营范围包括翻译业务的企业数量为 623 260 家,以翻译为主营业务的企业数量为 11 902 家。

翻译人才方面，我国翻译人才总人数达642万。翻译从业人员数量相比2022年增长了6.8%。因此，培养满足国家政治、经济、社会发展需求的翻译人才是高等院校的使命。

翻译人才的培养离不开翻译相关书籍的辅助，它们为学习者提供了丰富的阅读资源以及广阔的学术视野。本书既从语用学翻译视角为学习者提供了语用翻译的学习内容，又从生态翻译学视角为其提供了译者行为的研究范式。通过语用学与生态翻译学的视角进行探索，把语用学视域下的话语体系与生态翻译学的译者行为整合并对外宣翻译进行梳理，是一种全新的尝试。撰写本书的目的是提高翻译学习者的语用翻译与生态翻译能力，使翻译学习者能够比较系统地认识语用学翻译与生态翻译学下的译者行为。期望翻译学习者深入地了解语用翻译与生态翻译，掌握运用不同翻译理论进行外宣翻译实践的翻译策略与方法，比较不同翻译理论视角的外宣翻译方法，了解国内外翻译理论家的翻译观点，并能在外宣翻译过程中借鉴书中阐释的观点，熟练运用翻译理论下的翻译能力，提高外宣翻译质量，进而成为一名优秀的翻译工作者。

本书以探索语用学的翻译话语体系构建与生态翻译

学的译者行为思考为编撰思路。本书共有十一章，每章各分为若干小节。主要内容有第一章语用学概述；第二章语用学与翻译；第三章外宣翻译；第四章语用学视角下的外宣翻译；第五章外宣翻译的话语体系；第六章语用学视角下辽宁外宣翻译话语体系构建；第七章生态翻译学概述；第八章生态翻译学的生态定位；第九章生态翻译学视角下的译者行为；第十章生态翻译学视角下的外宣翻译；第十一章结束语；最后是参考文献。全部内容由李明秋教授独立撰写完成。本书是辽宁省社会科学规划基金项目“语用学视角下辽宁外宣翻译的话语体系构建研究”（编号 L21BYY009）、辽宁省教育厅科学研究经费项目（面上项目）“生态翻译学视域下的生态定位与译者行为研究”（编号 LJKR0264）、大连海洋大学涉海外语翻译团队（编号 C202113）、大连海洋大学 2023 年度学科建设内涵培育专项项目“生态翻译学视域下海洋科技文本的生态定位与译者行为研究”（编号 14）的研究成果。

当然，由于作者水平所限，在撰写书稿的过程中进行了新的尝试，不当之处在所难免，恳请业界专家学者和读者不吝指正。另外，书中内容引用了微信、网络等媒体资源与专家学者的学术资源，在这里不胜感激。

希望本书能够为翻译学习者提供宝贵的翻译阅读资

源以及前沿的翻译理念，为翻译业界同行提供更为广阔的翻译研究思路与参考，成为翻译从业人员的好帮手、好资源、智慧库，拓宽其研究视野！

李明秋
二〇二四年六月
于大连海洋大学

目 录

第一章

语用学概述

语用学(pragmatics)是一门相对年轻的学科。语用学探讨的是特定语境中的语言使用和语言理解,强调研究语言的使用和功能(冉永平,2011)。与许多新学科一样,语用学的问世也得益于其关联学科——语言哲学和符号学研究的种种进展。

寻本溯源,pragmatics 这一概念是美国符号学家查尔斯·威廉·莫里斯(Charles William Morris)在 20 世纪 30 年代提出的,接着众多哲学家、语言学家的相关研究对语用学的发展都产生了深远的影响。作为一门独立的学科,语用学出现于 20 世纪 30 年代、成熟于 80 年代。进入 20 世纪 90 年代以后,语用学得到快速发展,研究内容不断拓展与深化。

第一节　语用学的起源

语用学的先行者莫里斯在1937年和1938年根据符号及其所指之间的关系确定了语用学的定义。语用学是关注符号与其理解者之间的关系,是一种交际理论,用以说明语言行为(performance)(Kempson,1975)。

一、国外语用学的起源

国外语用学是现代数理逻辑符号学的分支之一。语用学是关于符号或语言符号(词、词语、句子等表达式)与其解释者关系的学科。如果一种研究明确地涉及说话者或语言作用者,那么通常把这种研究归诸语用学的领域。

(一) 莫里斯之语用学

莫里斯,出生于美国丹佛,是美国哲学家、现代符号学创始人之一。1958年后,他在佛罗里达大学从事符号学研究,主要著作有《逻辑实证主义、实用主义和科学的经验主义》(*Logical Positivism, Pragmatism and Scientific Empiricism*)、《符号理论的基础》(*Foundations of the Theory of Signs*)、《符号、语言和行为》(*Signs, Language and Behavior*)、《意谓和意义》(*The Meaning of Meaning*)等。他把实用主义和逻辑实证主义结合起来,提出“科学的经验主义”，并创立符号学。莫里斯对符号作了广泛的解释，把“符号”说成是一切“有所指”的东西，它不仅包括语言中的符号，而且包括非语言的符号。符号是一种关于符号及其运用的一般理论，以符号过程作为自己的研究对象。符号学可分为纯粹的、描述的和应用的这三种类型。符号包含三种类型的关系：符号与其对象的关系、符号与人的关系、符号之间的关系，并分别属于语义学（semantics）、语用学和语形学（syntactics）的研究对象。

关于语用学，莫里斯（1938）在其著作《符号理论基础》中首次提出 pragmatics 的概念：语用学研究符号与其释话人之间的关系。莫里斯把符号学分成三个分支：语用学、语义学和语形学，认为语用学是对符号和解释者的关系的研究，即研究符号在它出现于其中的行为范围内的起源、用法和效果。简而言之，语用学指语言的语用学（linguistic pragmatics），是研究人们如何使用语言的。莫里斯给出的语用学的经典定义使语用学成为一种明显具有跨学科性质的研究活动。

（二）奥斯丁之语用学

约翰·朗肖·奥斯丁（John Langshaw Austin），出生于英国兰开斯特，是英国哲学家、牛津日常语言学派的重要代表人物。奥斯丁的言语行为理论，对人们的说话方式重新进行了分类。他将人们的说话方式分为以下五类：判定式（verdictives）、执行式（exercitives）、承诺式（commissives）、行为式（behavitives）和阐释式（expositives）。奥斯丁提出的言语行为理论纠正了人们对语言的功能或作用在认识上的偏见，用一句话来概括言语行为理论：说话的同时就是做事。这种理论把语言同人的行为联系起来，在语言哲学的发展中具有重要意义，是奥斯丁在语言哲学领域中作出的独特贡献。

语用学作为一门语言学中的显学，是在奥斯丁提出的言语行为理论的基础上逐渐建立起来的。奥斯丁在建立和阐释言语行为时，并没有意识到语用学的概念。在奥斯丁看来，言语行为是语言的基本单位，它改变了人们对语言功能的认识，揭示了语言的形式和语言的交际功能或语用功能之间的复杂关系，以及语言使用的合适性条件（felicity condition）（冉永平，2011）。

奥斯丁从20个世纪三四十年代开始考察言语行为问题，提出“说话即是行事”或“言语即是行动”的言语行为理论，将言语使用看作行为（speech as act）。说话人只要说出了有意义、可为听话人理解的话，就可以说他实施了某个行为，这个行为叫作“言语行为”。需要透过话语的字面意思，捕捉说话人试图通过该话语执行的施为行为。言语行为是人们在进行交际时的语句（utterance），一个语句可能是语法上的一个或几个句子。奥斯丁认为，语句有两种意义：一种是字面意义，也叫作“命题意义”（propositional meaning）或“表述意义”，由语句里的特定的词汇和结构来表达；另外一种是施为意义（illocutionary meaning），又叫作“施为作用”（illocutionary force），是指语句在听话人处产生的效果（曹志宏，2012）。奥斯丁针对逻辑实证主义的真实条件语义论提出言语行为理论，即著名的“言语行为三分说”：说话行为（locutionary act）、施事行为（illocutionary act）和取效行为（perlocutionary act）。言语行为理论从行为的角度来看待语言活动，抓住了语言的动态特征，因此，它成为语用学的重要组成部分。

（三）塞尔之语用学

约翰·塞尔（John Searle），出生于美国丹佛，是当今世界著名的、极具影响力的哲学家之一。他师从牛津日常语言学派主要代表、言语行动理论的创建者奥斯丁，后当选美国人文科学院院士。主要著作有《言语行为——论语言哲学》（*Speech Acts：An Essay in the Philosophy of Language*）、《表达与意义——言语行为理论研究》

(*Expression and Meaning*: *Studies in the Theory of Speech Acts*)、《意识和语言》(*Consciousness and Language*)等。

20世纪六七十年代,塞尔等学者对奥斯丁的言语行为理论有了重要修改和补充,形成了一套比较完整的言语行为理论。塞尔认为,语言交际的最小单位不是单词或句子,而是言语行为,他把言语行为理论进一步解释为:解释人类语言交际的理论。塞尔的经典言语行为理论具备体系化和规范化两个特点。语言交际过程,实际上就是由一个接一个的言语行为构成的。基于言语行为理论,塞尔关于语言行为交际的研究内容包括:一是说明说话人如何根据一定的规则来施行自己想做的行为;二是解释一个接着一个的言语行为如何构成连贯的、有意义的语言交际(语篇或篇章研究的重点)。塞尔还把言语行为定义为句子意义的一种功能。相对于奥斯丁的观点,塞尔在言语行为的研究方面对奥斯丁的研究有一定的继承性,可以把言语行为理论的语用学定义看作语言的意义在于其使用的前奏。

(四)格莱斯之语用学

赫伯特·保尔·格莱斯(Herbert Paul Grice),出生于英国伯明翰,是著名的语言哲学家,其哲学思想与逻辑理论以在语言哲学方面的研究著称，尤其是在对说话人意义的分析、会话暗示的概念和基于目的语义学的研究方面成就比较突出。格莱斯提出了著名的会话中的“合作原则”(Cooperative Principle)，并就交流实践问题作过颇有影响力的解释，主要分析了说话人的意向，提出了“会话隐涵”的概念。格莱斯的主要著作有《意义》(*Meaning*)、《逻辑与会话》(*Logic and Conversation*)和《预设和会话隐涵》(*Presupposition and Conversational Implicature*)等。

语用学强调研究语言理解，尤其是交际中的隐含信息及其语用推导。格莱斯的合作原则包含四个准则——数量准则(*Quantity Maxim*)、质量准则(*Quality Maxim*)、关联准则(*Relevance Maxim*)和方式准则(*Manner Maxim*)，其中质量准则是语用学理论中认知理性的典型代表。

格莱斯受语言哲学学派研究语言意义的影响，研究理论的重点放在了日常语言的意义上。他把意义分为“自然意义”和“非自然意义”，这一区分的重要理论意义是主张运用“非自然意义理论”去全面地、深入地分析言语交际中的话语意义或信息交流内容。其“非自然意义理论”的基本内容是了解格莱斯的会话含义的重点。

（五）莱文森之语用学

斯蒂芬·莱文森(Stephen Levinson)，出生于英国伦敦，是英国著名的语言学家和社会科学家。1983年，莱文森出版了著作《语用学》(*Pragmatics*)，探讨了语用规则的习得情况，表明语用学存在广阔的运用空间，标志着语用研究领域的框架已经形成。建立在西方文化基础上的面子理论是用于论述和诠释礼貌现象的人际关系理论，该理论是对跨文化的普遍性问题的探讨。在中西方文化中，面子具有不同的文化特征。探讨和对比不同文化背景下的语言和行为中显现出的面子文化差异有助于消除东西方人士在交往中的障碍，从而有效促进跨文化交流。

在莱文森看来，会话作为一种系统性的语用推理，所依赖的不是关于说话人意图的直接推导，而是关于语言如何正常使用的一般期待，引发关于话语内容及用意的推想、默认推理(Levinson，1983)。通过对会话含义的理解和推导提出了"三原则"，即数量原则、信息原则和方式原则，且把各个原则都分为"说话人准则"和"听话人推论"。莱文森将自己的理论用"新格赖斯语用机制"(Neo-Gricean Pragmatic Apparatus)冠名。

（六）斯珀伯与威尔逊之语用学

基于格莱斯的关联准则，法国的语言学家丹·斯珀伯（Dan Sperber）和英国的语言学家迪尔德丽·威尔逊（Deirdre Wilson）正式创立认知语用学，提出了认知语用学理论、关联理论（Relevance Theory）。关联理论关注的核心问题是交际与认知，它不以规则为基础（ruled-based），也不以准则为标准（maxim-based）。斯珀伯等（1986）认为，会话有两种交际模式：一是代码模式（code model），二是推理模式（inferential model）。语言交际会同时涉及这两种模式，但在交际过程中，认知—推理过程是基本的，编码—解码则附属于认知—推理过程（何自然等，1998）。关联理论指出了对话语的理解不仅是一个推理的过程，还是一个明示推理的过程，是一种认知语用学理论，这一观点由斯珀伯等（1986）在《关联性：交际与认知》（*Relevance: Communication and Cognition*）中提出。以关联性概念与关联原则为基础分析言语交际中的一个话语理论，关联原则包括：认知原则，即人类的认知倾向于与最大程度的关联性相吻合；交际原则，即每一个话语（或推理交际的其他行为）都应设想为话语或行为本身具备最佳的关联性。在关联理论中，关联性被看作输入到认知过程中的话语、思想、行为、情景等的一种特性。

（七）利奇之语用学

杰弗里·利奇（Geoffrey Leech），出生于英国英格兰地区，是英国具有重大影响力的语言学家，研究领域主要是语用学、英语语法、语料库语言学和语义学等。他一生共出版了30多部著作（包括合著），发表了120多篇论文，主要著作包括《语义学》(*Semantics*)、《语用学原则》(*Principles of Pragmatics*)、《礼貌的语用观》(*The Pragmatics of Politeness*)等。利奇(1983)在《语用学原则》中谈到语义学与语用学之间的关系时，指出它们都研究"意义"，只是前者涉及意义的二元关系，后者探讨意义的三元关系。利奇认为，语境被认为是交际双方互相明白的内容和各自了解的情况，对于理解说话人的话语意义有很大的作用。

利奇拓展了格莱斯的合作原则中延续的人际语用问题，提出了"礼貌原则"，说明了合作原则无法解释的礼貌现象，并为语言选择，尤其是交际策略等的选择提供了语用理据。作为涉及人际语用学思想的先驱代表，《语用学原则》具有如下三个方面的显著特色：系统地介绍了语法与语用学之间的关系；哲学底蕴深厚，逻辑结构严密；提出了人际修辞理论的核心原则、礼貌原则。

（八）维索尔伦之语用学

比利时著名语言学家、国际语用学会(International Pragmatics Association，简称IPrA)原秘书长、安特卫普大学教授耶夫·维索尔伦(Jef Verschueren)创立了语言顺应理论(Linguistic Adaptation Theory)。维索尔伦(1999)从语言顺应理论的理论来源和理论视角进行了阐述,认为语用学是联系语言现象在诸种活动形式中的使用,从认知、社会和文化入手对语言现象的综合性观照。语用学中的顺应(adaptation)原本是生物进化论中的一个概念,被用作一种视角引入语用学研究,便出现了语言顺应理论。

语言顺应理论被定义为语言使用是语言发挥功能的过程,或者说,是语言使用者根据交际语境的需要不断选择语言手段,以达到交际意图的过程。这里,顺应体现为语言的使用环境和语言结构选择之间的相互适应。语境是交际双方或多方动态地创造与调控,存在交际语境(包括物理世界、社会世界和心理世界)和语言语境(即语言信息通道)。语用学是语言各个方面的功能总览,即研究人类生活中语言的认知、社会和文化的功能(Verschueren,1999)。

二、国内语用学的起源

我国对语用学的引进始于1979年许国璋将奥斯丁的《论言有所为》(*How to Do Things with Words*)一书引入国内。1980年,胡壮麟发表的《语用学》一文是国内

第一篇有关语用学的论文，第一次把语用学作为一门学科比较系统地介绍给中国学者。中国语用学研究经历了以引介、应用为主的阶段，现逐步进入以创新为主的阶段（陈新仁，2018）。

（一）何自然之语用学

何自然，广东中山人，广东外语外贸大学教授，中国语用学研究的拓荒人，语用学领域的开拓者。曾在加拿大西蒙·弗雷泽大学攻读语言学（专攻语用学），师从著名学者史蒂文·戴维斯（Steven Davis）。1988年，他出版了国内第一部语用学著作《语用学概论》。

语用学是语言和文化交际中的认知科学和社会科学，是关注语言生活的学科，对各类语言实践具有直接的指导意义。语用学与语言本体其他学科之间的界面研究，以及社会公共话语的语用问题都体现了当代语用学具有宽广而实用的研究领域和富有启发意义的研究路向。语用学涉及语言的使用和理解，它与语言本体的其他分支之间的关系特别密切，因此语用学是最活跃的，它与其他学科分支建立起来的交叉学科以及共同形成的互通互补界面也就最多（何自然，2013）。

（二）钱冠连之语用学

钱冠连，湖北仙桃人，广东外语外贸大学教授，国际语用学会原合作研究员，研究方向为理论语言学、西方语言哲学、语用学。钱冠连介绍了维索尔伦的语言顺应理论，并出版了《汉语文化语用学》《语用学诠释》等著作，在国内外发表语用学、语言学相关论文 60 余篇，是我国较早在国外语用学刊物上发表文章的作者之一，其语用学研究在国内有广泛且权威性的影响。中山大学王宗炎称赞："在这些（语用学）引进者和发展者当中，钱冠连先生占有显著地位。"（彭南生，2023）钱冠连从语用学的对象和方法、各个语言学派对语用学的评论、语用学和其他学科的关系、语用学规则这四个方面向国人介绍了语用学。

（三）何兆熊之语用学

何兆熊，广东南海人，上海外国语大学英语学院名誉院长、教授、博士生导师。何兆熊在 1989 年编著的《语用学概要》一书中指出，在众多的语用学定义中，有两个概念是十分基本的，一个是意义，另一个是语境。从发展的观点看，语用学的崛起是语义研究的发展和延伸的结果，因此可以说语用学是一种对意义的研究。但语用学所研究的意义不同于形式语义学所研究的意义，它所研究的是语言在一定的语境中使用时体现出来的具体意义。由此可知，语境对意义的作用在语用学研究中十分重要。

语言交际本身是一个动态的过程，因此语用研究也是一种动态的研究，研究侧重于语境对语言形式的选择、话语构成方式的制约（何兆熊，1997）。

（四）熊学亮之语用学

熊学亮，上海人，复旦大学教授、博士生导师。1999年，其主编的《认知语用学概论》在上海外语教育出版社出版。熊学亮在书中指出，认知语用学的研究领域是符号在交际意图、语境、推理等因素的干预下所作出的种种解释。在探讨了语言形式和语言内容之间的关系后，熊学亮教授评述了（新）格莱斯会话含义理论、言语行为理论、相关理论等近年来语用学研究的若干分支，对语篇的宏观结构和单向语境推理有独到的见解。

（五）冉永平之语用学

冉永平，甘肃平凉人，广东外语外贸大学教授、博士生导师，出版了《认知语用学》《语用学：现象与分析》《词汇语用探新》等著作，发表了《当代语用学的发展趋势》《语用学研究和复合性特征》等多篇论文。

冉永平等（2022）认为，语用学是一门关注社会现实的交叉学科。语用学研究已经超出了指示语、言语行为、会话含义等传统议题，日渐体现出对语言使用研究的语用综观论。语言使用与理解的语用探索再也不是单向的语用学研究，与相关学科之间的交叉界面研究日益凸显。

语用学具有明显的包容性与融合性的特征，尤其是与社会政治经济发展的现代化现实性紧密联系的前沿话题与研究内容，可以为我国语用学的未来研究提供有益启示与指导，并为社会管理提供重要的社会语用信息。另外，语用与认知之间的相互结合与渗透，或从认知语用的视角分析言语交际，已隐现当今语用学发展的一大主流（冉永平，2005）。全球网络化与数字化的发展是全世界共同面临的时代主题，新的社会政治经济的崭新语境触发了当今语用学研究的新议题，推动了语用学相关研究范围的拓展，体现了语用学对社会现实问题的密切关注与深度融合。

（六）陈新仁之语用学

陈新仁，江苏盐城人，南京大学教授、博士生导师，先后出版了《语用学与外语教学》《语用身份论——如何用身份话语做事》等著作。

李民等（2018）在《国内外语用能力研究特点与趋势对比分析》一文中总结出：我国的语用能力研究增幅不大，国内外对语用能力发展的影响因素和言语行为能力研究的发展均比较关注。国内对语用能力教学和语用能力测试的研究关注程度高于国外；国外对儿童语篇语用能力、语用能力发展、语用能力障碍等研究议题的关注程度则高于我国。从被引的情况看，国外语用能力研究主要参考普通语用学、语际语用学、二语习得等领域的文献较多；然而，国内对测试类文献的引用频率高于国外，对儿童语用能力发展和跨文化语用学的引用频率则低于国外。陈新仁（2017）认为，语用学的研究，在学术创新上体现在一个或多个维度，涉及理论框架、研究对象、研究问题、研究范式、研究方法、研究发现等领域与话题的突破。如何做到学术创新，研究语用学的学者需契合“语境化”的学科语境，将学术研究融入话题语境，加强“论证意识”。

第二节　语用学的发展

众多专家学者探索语用学的相关研究，呈现出明显的多维性。语用学在近一二十年的时间里发展速度很快，本节主要从语言学界的语用学、跨学科的语用学、哲学与语用学和宏观层面的语用学等方面介绍语用学的发展。

一、语言学界的语用学

语言学界的语用学源自 20 世纪 50 年代西方语言哲学中出现的“用法论”和“言语行为”的转向（王寅，2015）。

语言学界无可争议的格莱斯会话含义理论的核心思想是语言交际的成功在于听话人通过语用推论对说话人交际意向的识别，语言单位横跨音、词、句及语篇层级，是形式与意义、功能的规约匹配。

语用学研究十分强调沿袭英美国家的语言学与语言哲学传统，专注于具体语言现象和问题的语用研究。语言学界对语用学的定义和范畴尚没有统一的见解，但却有一种共识，即“语境是语用学的核心概念之一，语用学专门研究语境在交际过程中的作用”。语言交流离不开特定的语境，语境包括交际的场合（时间、地点等）、交际的性质（话题）、交际的参与者（相互间的关系、对客观世界的认识和信念、过去的经验、当时的情绪等）以及上下文。语境直接影响人们对话语的理解和使用。语用学特别强调语境对语言使用和理解的制约，尤其是对动态意义的建构作用；同时，语用学还强调研究语言理解，尤其是交际中的隐含信息及其语用推导。语用学就是一门语境学，任何的语用学议题都涉及一定语境范围，任何的语用学理论都蕴含一定的语境观，任何的语用学阐释也都离不开特定的语境选择（冉永平，2011）。

语用学是研究语言使用的学科，从社会、文化、认知等功能角度考察具体语境中说话人话语的意义，探讨支配语言使用（包括表达与理解）的原则与准则，考察影响语言使用的社会、文化、认知、心理、物理等因素，揭示语言使用的机制与规律（陈新仁，2017）。语言学界的语用学包含言语礼貌、行为、跨文化、预设等语用问题及语用学的真正范围。

二、跨学科的语用学

语用学是一门具有鲜明跨学科色彩的语言学研究分支（陈新仁，2017）。近年来，语用学研究不断走向多元化与多视角的倾向，热点议题更体现出语用学研究与相邻学科之间的交互渗透与融合，如利奇的"语用语言礼貌与社交语用礼貌""语境独立性礼貌""语境依赖性礼貌"原则、莱文森的"面子论的分析与应用""礼貌宏观策略"等。

越来越多的语用学研究走向跨学科和交叉研究的创新之路，如认知语用学、话语语用学、批评语用学、实验语用学、语用学与文学文体学、教学语用学、社会语用学、互动语用学及日渐兴起的网络语用学等交叉学科的出现。何自然（2013）认为，语用学与邻近学科相结合，从社会、文化、认知、心理的视角看待语言的使用和理解。

三、哲学与语用学

哲学乃语言学的摇篮，语用学的许多思想都与哲学有着不解之缘（文旭，2014）。哲学由本体论转向认识论，再转向语言，从而研究语言的意义以及语言与世界的关系。哲学催生了语义的语境化，语义的意向性变成语义的真理所在。哲学研究的“语用转向”启示在语言的使用中，需要很好地解决意义的准则问题，使语言的意义问题彻底摆脱纯句法语义分析的模式，走向语用分析的语用学研究范式。

语言哲学是在西方哲学界可以独树一帜并独立于语言学的哲学理论，因而直接导致了语用学的诞生（霍红，2014）。随着语用学研究的纵深发展，语用学对语言哲学愈加依赖，语用学学科边界的迅猛扩展导致新的知识不断进入其学科视域。

四、宏观层面的语用学

20 世纪 90 年代以来，语用学的研究阵地不断扩大，在核心问题的深化研究和经典理论的批判、应用上取得了长足的进步。宏观层面的语用学把与语言理解和使用有关的各个方面都作为研究对象，它不是和音位学、句法学、语义学等平行的学科，而是一种功能性理论，即对语言任何一个方面的功能性综观。

2017 年由奥克兰大学语言学教授、北京外国语大学讲座教授黄衍主编，牛津大学出版社出版的《牛津语用学手册》（*The Oxford Handbook of Pragmatics*）探讨了宏观语用学与认知语用学、发展语用学、神经语用学等六个以认知为取向的宏观语用学的分支领域，在宏观语用学与社会文化方面探讨了（不）礼貌、跨文化语用学等以社会文化为取向的宏观语用学问题（夏登山，2020）。

第二章

语用学与翻译

语用学被引入国内外翻译研究至今已有30多年的时间。作为语言学一个较新的研究领域，语用学研究的是在特定情景中的特定话语，探索如何通过语境来理解和使用语言。翻译是把一种语言信息转变成另一种语言信息的行为，翻译作为两种语言之间的转换，不仅仅是两种语码之间的转换，更是两种不同文化之间的交流。“翻”是指这两种语言的转换，即先把一句A语转换为一句B语，然后再把一句B语转换为A语；“译”是指这两种语言转换的过程，把A语转换成B语，在译成当地语言文字的过程中，进而明白B语的含义。因此，翻译不是简单地用目的语表达源语的字面意思，而是需要使翻译过来的文本在目的语的语境中实现同样的语用功能（许

悦萌 等,2021)。

第一节　语言使用的语用学与语言转换的翻译

美国符号学家莫里斯对语形学、语义学和语用学进行了区分,指出语用学研究的是指号和解释者之间的关系,是关于符号或语言符号(语词、句子等表达式)与其解释者关系的学科。

一、语言使用的语用学

1977年创办于丹麦的《语用学杂志》(*Journal of Pragmatics*),主编为哈特穆特·哈伯兰德(Hartmut Haberland)和雅各布·梅伊(Jacob Mey),是第一份反映国际语用学研究情况的杂志。这一学刊的创办标志着语用学已经成为语言学的独立分支学科。1986年,国际语用学会在比利时成立,决定把《语用学杂志》《语用学和其他学科》(*Pragmatics and Beyond*)作为学会的学术刊物。一般认为,《语用学杂志》的创办、莱文森《语用学》的出版和国际语用学会的成立,这三个主要事件,是语用学走向成熟的标志,标志着语用学作为一个分支学科而独立存在。人们开始研究使用中的话语,更加促进了语用学的发展。

语用学是语言学各分支中一个以语言意义为研究对象的新兴学科，是专门研究语言的理解和使用的学问，它研究在特定情景中的特定话语。相对而言，语用学可以分为微观语用学（micropragmatics）和宏观语用学（macropragmatics）。其中，微观语用学研究的是话语运用的层次，而宏观语用学讨论的是社会文化层面对语言使用者在言语运用的宏观视角中所呈现的语用问题。

微观语用学主要是对语言本身进行研究，涉及传统的语用话语，例如，会话含义、指示语、蕴含与预设、会话结构、言语行为、主述结构等，主要对格莱斯的合作原则和会话含义进行推导和批评与指正。格莱斯（1975）发表的《逻辑与会话》在哲学、认知学、语言学等领域受到普遍关注，描述了合作原则，提出了制约会话的普遍条件的探索，认为每个理性的会话都遵循合作原则及四个准则，即数量准则、关联准则、质量准则和方式准则。劳伦斯·霍恩（Laurence Horn）根据理性主体假设，依托齐普夫定律（Zipf's Law，又称"省力法则"），在会话准则基础上提出了数量原则和关联原则，即 Q 原则和 R 原则，简化为两个对立的原则。2000 年，英国学者莱文森借助霍恩的理论，用三个原则取代了格莱斯的四个准则，建立了一个三维的数量原则（Quantity Principle）、信息原则（Informativeness Principle)和方式原则(Manner Principle)。斯珀伯与威尔逊在对格莱斯合作原则中关联准则质疑的基础上,提出了关联原则。斯珀伯等(1986)认为,每一个明示的交际行为都应该设想为这个交际行为本身具备最佳的关联,最佳的关联性来自最佳的语境效果(莫爱萍,2010)。关联原则对格莱斯的合作原则及其准则与会话含义推导机制的批评与修正,对翻译研究产生了非常大的影响(Gutt,1991)。

宏观语用学是从语言使用者和社会视角研究言语交际的各种语言现象背后的主客观因素,关心社会文化因素和意识形态对言语行为的影响。从维索尔伦的观点来看,语言就是“使用”。宏观语用学研究的重点是关注语言使用中的社会语境、机构语境,考察语言的功能性(function perspective on language)等(Mey,2001)。宏观语用学强调语言的社会功能,认为语言同社会、文化、环境等密不可分,主要研究社会与文化层面对语言运用者言语运用的宏观调控中所体现的语用问题。宏观语用学关注的焦点不仅是语言的功能,还有意识形态与社会因素对人类言语行为的限制。维索尔伦(1999)认为,语用研究的关键是语言的使用,并与话语分析、认知科学、社会语言学、心理语言学等密切相关,将语言使用视作说话人与听话人在语言结构和语言策略等层面不断作出动态选择的过程。近些年的语用动态研究表明,西方语用学研究以微观语用学的具体使用展开。

斯珀伯等(1986)在《关联性:交际与认知》中指出,从广义的角度来说,语用学研究的两大主题是话语的生成与话语的理解。这部著作引领了语用学研究的方向,对语用学的发展起了很大作用。尤尔根·哈贝马斯(Jürgen Habermas,1970)发表的《交际能力理论初探》(*Towards a Theory of Communicative Compentence*)从社会角度分析说话行为,研究作为交往媒介的语言的交往功能,探讨说话人和听话人之间的关系,阐述二者之间如何通过语言达到相互理解和观点一致,为语用学研究提供了佐证。语际语用学(interlanguage pragmatics,简称 ILP)属于跨文化语用学,顾名思义,涉及两种语言。语际语用学为在特定社会语境下运用外语表达思想提供了方法论的指导(Kasper et al.,1993)。语用学研究对发展和深入探索语言学具有理论和实践意义。

二、语言转换的翻译

翻译是一门科学、一门艺术,同时也是一种文化交流活动。

（一）国外的语言与翻译观点

被誉为“当代翻译理论之父”的美国语言学家、翻译家、翻译理论家尤金·奈达(Eugene Nida)从翻译的等值论角度出发，强调翻译是用最恰当、自然和对等的语言从语义到文体再现原文的信息。英国翻译理论家约翰·卡特福德(John Catford)是伦敦语言学派、英国爱丁堡大学应用语言学教授、应用语言学派极具代表性的翻译理论家。他在1965年出版的《翻译的语言学理论》(*A Linguistic Theory of Translation*)一书中提出，范畴转换是指从源语到目的语偏离形式的对应，然后在不同的级阶(句子、分句、片语、词及词素)上发生的转换行为。卡特福德把翻译定义为：将一种语言(出发语)的话语材料用另一种语言的等值话语予以替代。用现代语言学视角诠释翻译问题，可以把翻译界定为：用一种等值的语言文本材料去替换另一种语言文本材料。应该寻求对等视作翻译研究和实践的中心问题，从而对翻译的不同语言层次进行描写研究。1975年，苏联学者巴尔胡达罗夫(Бархударов)在其著作《语言与翻译》(*Язык И Перевод*)中把翻译定义为：把一种语言的言语产物在保持内容方面也就是意义不变的情况下改变为另外一种语言的言语产物的过程。1953年，苏联翻译学界语言学派的代表人物费道罗夫(Fedolov,1955)出版了《翻译理论概要》(*Введение В Теорию Перевода*)一书,第一次从语言学角度对翻译理论进行系统的研究。

(二) 国内的语言与翻译观点

我们再看国内学者对翻译的研究。"翻译"一词集三种含义于一身,即主体、行为与结果交织在一起。翻译是沟通各族人民的思想和促进政治、经济、文化、科学、技术交流的重要手段。翻译是把一种语言所表达的思维内容、感情、风格等用另一种语言表现出来的语言活动。

翻译使不同语言承载的不同知识成为世界公共的财富(杨枫,2021)。通过翻译他国对先进科技文化的介绍,能够引进知识,开启民智,培养民族精神和国人思维,在特殊时期甚至能对社会重大政治运动和变革实践产生直接的影响。翻译给人类社会带来的,既有精神之光芒,又有物质之果实(许钧 等,2009)。翻译的确是语言织就,但翻译的对象不是语言,翻译是对语言的运用。2001年刘宓庆出版了《翻译与语言哲学》一书,以语言哲学最新思想为翻译理论研究开辟了新的视野。翻译触发的语言变化是翻译在目的语发展变化过程中发生的作用。在翻译过程中,需要了解语言的动态意义,要在语言交流中把握意义,关注语言使用方法和语言审美。翻译就其具体形式来看，是两种语言符号之间的转换活动，而符号的基本功能在于“表征”（representation）。翻译从某种意义上说是一个求真的过程，其固有的求真本质，是指翻译是一个不断求索的过程，通过对文字的拷问，不断接近文字所要道说的东西。

翻译不仅起着交流、借鉴的作用，更有着创造的功能。从翻译的定义到翻译研究，众多语言学家用语言来解释翻译，促使翻译研究进入了新的发展阶段。

从翻译研究发展的历史来看，当今的翻译研究大致经历了句法、语义、语用三个阶段。从本质上说，翻译是一个明示—推理的交际过程（Sperber et al.，1986）。因此，翻译作为联系不同文化的重要纽带，所承载的含义已远超传统意义上的将文字从一种语言转移到另一种语言的过程，它成为调动人们与他人关系，激发人们探索未知世界、体验不同文化的重要手段。

第二节 语用学与翻译的融合

西方语言学派翻译研究开始于 20 世纪 50 年代，由奈达、费道罗夫等人把现代语言学的“科学”概念引入翻译研究。自 20 世纪 90 年代以来，语言学与翻译研究的结合日趋深入。语言学各个层次的理论,语义学、句法学、语用学、篇章语言学、社会语言学等都成为进行英汉语比较以及解释英汉互译实践的理论工具(李林波,2012)。翻译是一种语言间的交际活动,也是一种语用行为(Gutt,1991)。

1965年,由卡特福德撰写的著作《翻译的语言学理论》出版之后,学者们开始重新审视语义的研究,最具代表性的是奈达及其“功能对等”理论。此后,翻译研究进入了直译与意译、归化与异化的研究范式。从20世纪80年代开始,语用学研究逐渐受到语言学家的重视,翻译逐步与语用学融合。

一、国外的语用学与翻译研究

国外在语用学与翻译研究方面最具代表性的人物是厄恩斯特·奥古斯特·格特(Ernst-August Gutt),他于1989年获得伦敦大学语言学博士学位。格特(1991)的《翻译与关联:认知与语境》(*Translation and Relevance: Cognition and Context*)一书的出版标志着关联翻译理论的诞生,也率先将关联理论应用于翻译研究中,并指出翻译是一种言语交际行为,是与大脑机制密切联系的推理过程。翻译是一个涉及三位交际者、两个文本的两轮示意与推理的过程,根据动态的语境进行动态的推理,而推理所依据的就是关联性。在对源语理解和翻译的过程中，人们对语码的选择所依赖的也是关联性。格特用关联理论解释了翻译原文的意义和形式问题，在关联理论的基础框架内探讨了翻译研究中颇为重要的问题，既深入、清晰地阐述了翻译理论，又为翻译实践者提供了明确的理论指导。

艾弗拉姆·诺姆·乔姆斯基（Avram Noam Chomsky）是美国语言学家、哲学家。乔姆斯基所著《句法结构》（*Syntactic Structures*）一书被认为是20世纪理论语言学研究史上最伟大的贡献，他的语言学“革命”给翻译理论的研究注入了强大的生命力。从此，翻译理论研究不断涌现（Newmark，1988；Nida，2004）。

二、国内的语用学与翻译研究

语用学与翻译相互结合便成了语用学翻译。语用学翻译是指从语用学的角度探讨翻译实践问题，即运用语用学理论解决翻译过程中的理解问题、重构问题、语用和文化因素在译文中的处理方法、源语语用意义的传达及在译文中如何处理的问题。

我国最早将语用学理论应用于翻译研究的是何自然、段开诚（1988）两位学者，他们指出英汉两种语言实现“言外之力”的手段不同，即英语借助句法形式，汉语借助词汇表达。译者应在译文中再现原文的“言外之力”，这是实现翻译语用对等的重要准则之一。从 1988 年开始，我国的语用学翻译研究迅速发展，经历了不同的发展阶段，如今已经发展为较成熟的研究领域。语用学翻译的研究内容涉及语用学研究的指示语、言语行为、预设、合作原则、礼貌原则、关联理论、模因论等与翻译相关的理论与实践研究。语用学与翻译学既相互联系，又相互区别，前者研究语言使用与语言使用者之间的关系，而非抽象的语言系统本身的意义，其侧重点是交际者在特定交际情景中传达和理解的话语意义以及理解和传达的过程；后者则是探讨译者解读原文、在译文中重构原文意义的学问（张新红 等，2001），其强调的是语言间的转换问题。

语用学翻译是一种等效翻译，语用等效翻译分为语用语言等效翻译和社交等效翻译。何自然（1997）认为，原文作者的认知不可能完全等同于译者的认知，而译者的认知不可能完全等同于读者的认知，所以，翻译是由作者、译者、译文读者组成的三元关系。

在语用学对翻译的体现关系中，语用学研究翻译者是如何在附着于人的符号束、语境和智力的参与以及干涉之下对多于话语的语面含义作出处理。当翻译活动成为语用学的体现对象之后,"语言使用人"应该看成"翻译者"(钱冠连,1997)。

莫爱屏(2011)认为,翻译既涉及语义,又涉及语用;语义翻译试图解决静态的语言问题,而语用翻译解决的是一个动态的语言问题。翻译研究关注文本和书面语言,而语用研究更重视言语交际过程及其动态特征。语用学与翻译学的结合便成了语用翻译,是一种运用语用学理论去解决翻译实践中的理解和产出问题的等效翻译观。

我国语用学的发展研究推动了语用学翻译研究。自20世纪初以来,沈家煊先后引入了维索尔伦的《语用学》和霍恩的《语用学理论》(*Pragmatic Theory*),钱冠连介绍了维索尔伦的语言顺应理论,并在2003年翻译出版了《语用学诠释》一书。国内学者从语用对等视角开展研究,探讨翻译中的对等是否存在以及是否能够实现,翻译策略的选取,语用翻译对等原则,广告、商标翻译对等等一系列问题。

语用学翻译实质是对语言符号和信息的诠释,既关注"文化意象"话语又关注"非文化意象"话语。语用翻译理论的形成标志着现代翻译研究从关注译文本身到关注读者对话语语用方面的研究。语用学作为一门活跃的、不断发展的学科，为翻译研究提供了丰富的理论框架，尤其是语言顺应理论和关联理论的引入，极大程度地促进了我国翻译研究的发展（许悦萌 等，2021）。

三、语用与翻译研究的融合

奈达的翻译思想分为三个不同的发展阶段，即早期带有明显美国结构主义色彩的语言学阶段、中期的翻译科学说与翻译交际说阶段以及后来的社会符号学阶段。翻译研究需要不断从其他学科中汲取养分，语用学翻译才能得以发展。

语用学经过几十年的发展，广泛应用于描写和解释语言的使用及语言交际的各个方面，如涉及语言行为、语言行为范式、语言功能、交际原则、态度与信念、语篇及话语的组织原则、语言习得、翻译、跨文化交际、语际的语言研究、人工智能等众多领域。语用学的相关理论对于翻译中语言转换为目的语及语言的使用研究具有相当大的应用价值。语用学的理论指导作用被越来越多的专家学者认识，语用学也在多个研究领域取得了研究成果，这些都为翻译研究提供了科学的、新的研究范式，使语用学翻译研究呈现多元化视角。

语用学是研究语言使用与理解的学问，既研究说话人利用语言和外部语境表达意义的过程，也研究听话人对说话人说出的话语的解码和推理过程；而翻译最根本、最重要的任务是再现原文的意义。语用学翻译是运用语用学理论去解决翻译实践中的理解问题，语用学翻译涉及语言的人际交流功能。语用学对翻译有很强的解释力，使人们能从一个新的角度解释翻译中的诸多矛盾。翻译与语用学的融合将提供新的翻译理论模式，为翻译学的建构提供理论与方法的指导。语用学翻译强调言内意义、指称意义和语用意义的完美等值转换，要求译者关注社会的、文化的、社交的、语境的因素等（曾文雄，2005）。语用学研究语言的使用，对于解决翻译中有关语言使用的各种问题都有所帮助，语用学不仅给翻译研究和实践提供微观的语言学分析方法，而且还提供了有关翻译研究的宏观理论基础。

语用学翻译是在话语层面上，通过两种语言的不同，分别研究语用语言等效和社交语用等效的翻译问题。语用语言等效翻译是在保留原作内容的前提下用最贴近、最自然的目的语表达出译文。从语用学角度探讨翻译的实践问题，运用语用学理论去解决翻译实践中的理解和表达的问题，就是运用语用学寻求等效的翻译观（莫爱萍，2010）。翻译是原文和译文在语用语言和社交语用上达到等效，实现翻译等效需要受到语言使用相关的语境制约。在翻译的过程中，正确理解源语文本的语境是做好翻译的基础，任何话语的意义都离不开语境，理解语境是帮助译者建构话语体系来理解源语信息，从而避免产生误解。

翻译是一种特殊的语言交际转换活动，是译者和读者、原文与译文之间的“交流与会话”。译者只有理解与把握源语文本的语用信息，把握源语的话语含义，通过对译文的仔细研判与斟酌进行翻译，才能实现原文与译文的语用等效。在翻译过程中，译者准确把握源语文本的语用信息是做好翻译的前提。

第三章

外宣翻译

外宣翻译,顾名思义,是要完成对外宣传材料的翻译任务。外宣翻译是向世界各国介绍我国的政策、思想、文化、经济、科学技术以及在国际事务中的立场和观点,增进各国人民对我国的了解,消除他们由于意识形态不同而产生的误解或偏见,促进文化的传播,为我国的改革开放和经济建设创造良好的国际环境。外宣翻译"把大量有关中国的各种信息从中文翻译成外文,通过图书、期刊、报纸、广播、电视、互联网等媒体以及国际会议,对外发表和传播"(黄友义,2004)。在我国,外宣翻译的主要任务就是要将中文译成英文或者是其他外文,向世界传播来自中国的声音,增强外界对中国发展的理解,提升中国特色社会主义道路的国际认同,提高国家文化软实力

（黄友义 等，2014）。

从中国的角度出发，外宣翻译是翻译的一种特殊形式，是在经济全球化背景下以让世界了解中国为目的、以汉语为信息源、以英语等外国语为信息载体、以各种媒体为渠道、以外国民众（包括境内的各类外籍人士）为受众对象的交际活动（胡兴文 等，2013）。

外宣翻译已成为翻译研究的一个热门话题，研究旨在更好地构建聚焦对外宣传与国际传播下的语用与语言形式，准确转换并有效传达思想内容。中国译协常务副会长、中国翻译研究院副院长、中国外文出版发行事业局原副局长兼总编辑黄友义这样描述外宣翻译：外宣翻译工作的重要性和新特点是伴随中国国际地位的变化而出现的，外宣翻译就是为党和国家的大局服务（朱义华，2019）。

第一节　中国特色的外宣翻译

中国特色的外宣翻译是指在国际传播中，通过翻译手段将中国特有的政治、经济、文化、社会等领域的理念、政策、成就及价值观等以符合国际受众理解习惯和语言规范的方式表达出来，旨在提升中国的国际形象、传播中国声音、促进中外交流与理解。中国特色的外宣翻译的核心在于“外译内宣”，即以外语为媒介，向世界讲述中国故事，建立和营造国际舆论的环境氛围，展现一个真实、立体、全面的中国。

一、国家形象建构的外宣翻译

近年来，中国的国家形象与品牌形象、综合国力与经济地位不断提升，正在与世界各国建构新型的大国国际关系，推动人类命运共同体的构建。国家形象与一个国家在全球政治、经济和文化等多方面的表现息息相关，同时也是国家文化、民族文明、综合实力等要素的外在体现（杨琳 等，2018）。

（一）国家形象概念

美国政治学家肯尼思·艾瓦特·博尔丁（Kenneth Ewart Boulding，1956）认为，国家形象是一个国家对自己的认知以及国际体系中其他行为体对它的认知的结合；它是一系列信息输入和输出产生的结果，是一个结构十分明确的信息资本。国家形象作为反映媒介和人们心里对于一个国家及其民众的历史、政治、经济、文化、生活方式以及价值观的综合印象，是国家的外部公众和内部公众对国家本身、国家行为、国家的各项活动及其成果所给予的总的评价和认定。国家形象被认为是国家软实力

(soft power)的重要组成部分,是国家综合实力与国际影响力的重要体现。在国家形象的作用机制方面,美国著名国际政治学者、哈佛大学肯尼迪政府学院教授约瑟夫·奈(Joseph Nye)提出 soft power 这一概念,认为一个国家的文化吸引力对于国家的声誉具有重要影响。软实力是一种能力,它能通过吸引力而非威逼或利诱达到目的,是一个国家综合实力中除传统的、基于军事和经济实力的硬实力之外的另一组成部分。

国家形象作为一个国家发展成果的综合体现,越来越受到世界各国的重视。外宣翻译增进外部世界对中国的了解,能够帮助中国树立和维护国家形象。

(二)外宣翻译与国家形象建构

国家形象的建构是做好外宣翻译的基础。外宣翻译,顾名思义是一种服务于对外宣传,为达到一定宣传目的的翻译实践行为。外宣翻译是以推广中国的国家形象、传播中国的沧海文化、构建国际与国家人类命运共同体、塑造国家战略形象、对外宣传国家方略的翻译形式。

话语体系指某一学术、专业领域所使用的话语,具有特定的词汇语法特征、结构形式、专业术语以及写作规范等(黑玉琴,2013)。中国共产党第二十次全国代表大会召开以来,在习近平新时代中国特色社会主义思想的指引下，以及人类命运共同体与“一带一路”倡议的不断发展，中国的政治话语体系也不断丰富与完善，同时也为我国在新时代的外宣翻译提出了新思路、新要求和新挑战。外宣翻译是展大国形象、树中国志气、传中国历史、挥大国方略的最好方式。外宣翻译通过辅助国家积极参与全球治理，提升了中国在全球的国家形象。

二、外宣翻译提升国家形象

一个国家的国家形象是通过多个方式来塑造的，外宣翻译就是其中之一。一方面，外宣翻译整体上强调国际性，面对的是全球政治视野，受众面是国家机构等；另一方面，外宣翻译强调翻译的资料性，从功能上讲，外宣翻译是传播信息。

外宣翻译作为一种重要的宣传手段，越来越受到重视。在国家形象的建构方面，是为达到一定宣传目的的翻译实践行为。我国的外宣翻译主要是对官方文件、政策文本以及领导人讲话等进行的翻译活动，通常由国家官方翻译机构（如中央编译局）以及官方翻译人员进行翻译（张健，2013）。国家形象与外宣翻译之间的关系是既紧密联系又相互支撑的，国家发展与国家建设的内涵都需要通过外宣翻译向世界表明中国的态度、中国的声音。

通过向世界展示中国的政治经济社会发展情形、传播习近平新时代治国理政思想、表明中国的政治立场、发表中国对世界格局变化的决心，中国的政治话语体系在不断地丰富与完善，新时代中国外宣翻译的新挑战、新要求、新情况也不断涌现出来。外宣翻译要为党和国家的政治大局服务，表明国家的态度、决心、观点、立场。2019年，黄友义在接受访谈时说，国际发展新形势下的外宣翻译，需要把中国领导人讲话的核心理念、中国思想、中国方案等用外国人能听懂、能听进去且完全能理解的话语传达，这是对外宣翻译最基础也是最核心的要求。只有把中国的发展成果、政策含义以及思想内涵准确地向世界传达，才能有助于一个符合中国国情的国家形象的建立(朱义华，2019)。建立良好的国家形象，在国家层面上不仅需要考虑国家利益，还要考虑国家立场、意识形态、国家主张、政治立场、话语态度等政治因素的影响，凸显出外宣翻译较强的政治性立场。

在信息化时代，“一带一路”国家形象建构及传播、新兴媒体信息传播等，对国家形象的建构具有重大意义。国家形象被不同的行为主体分为不同的形象，即政府形象、企业形象、社会组织形象、公民形象等，而国家形象从认知维度来讲，除了最主要的认知维度以外还包括政府维度、企业维度、文化维度、景观维度、国民维度、舆论维度等(杨琳 等,2018)。国家形象包含的各个不同分类形象,由具体的个体形象(点)集合而成,每一个个体形象评价的好坏直接影响国家形象的整体评价。国家形象的不同维度又是各个不同维度的集中体现。所以,在外宣翻译中的国家形象展示需要在准确把握国家话语体系的对外传播功能上准确、完美地进行建构。

三、外宣翻译与建构城市、企业等的形象

"一带一路"倡议的贯彻落实,既带动了周边国家经济贸易的发展和社会文化、政治的相互交流,又有力地推动了我国城市与企业的国际化发展进程。

(一) 城市外宣翻译

城市外宣翻译服务于国家外宣翻译。城市外宣翻译是城市形象的代言书,外宣翻译是城市形象建设的关键环节。讲好城市故事是讲好中国故事的重要组成内容,提升城市的国际形象、推动城市文化"走出去"是城市外宣翻译的目标。加强城市外宣翻译的推介介绍,能够提升城市对外宣传的形象,增加城市的对外交流与合作,吸引外商投资,实现城市政治经济高速发展,增加公众对于城市的认同感,提高城市的全球影响力。

(二) 企业外宣翻译

"一带一路"贯穿欧亚大陆,东边连接亚太经济圈,西

边进入欧洲经济圈。外宣翻译是推动“一带一路”建设、增强国内企业经济效益、扩展企业海外形象的重要方式。企业外宣翻译也是企业“走出国门,迈向世界”的重要基础环节。通过建立良好的企业形象能进一步美化国家形象,也为提高中国国际知名度和影响力添砖加瓦。企业能通过高水平外宣翻译,促进企业国际化发展,既加强了企业的外宣效果,又充分发挥了企业在“一带一路”倡议发展中的价值与作用,为企业走向国际化提供了更加广阔的国际市场。

四、外宣翻译的领域与分类

外宣翻译涉及我国的政治、经济、文化、外交、军事等多个领域,这些领域的文本按照英国翻译家彼得·纽马克(Peter Newmark)的标准可以归为“信息类文本”(祝朝伟,2020)。

(一) 外宣翻译的领域

大外宣格局下的外宣翻译遍及各级政府、各行、各业,但凡具有对外译介与传播特点的翻译实践与活动都可归入广义的外宣翻译范畴(朱义华 等,2021)。因此,从上述专家学者的观点来看,外宣翻译包含政府、企业等各级各类机构的信息。

(二)外宣翻译的分类

外宣翻译是展示我国的外交文明和与他国交流的渠道。在我国,外宣翻译的主要任务是传播中国声音、讲好中国故事、树立大国形象,即把中文译成英文或其他语言文字。外宣是对外宣传,外宣翻译是以外宣为基本特征的翻译活动。

在遵循翻译的共性原则的前提下,外宣翻译可以从广义和狭义两个角度去理解。广义的外宣翻译是指涵盖各行、各业、各级部门从事对外宣传方面的翻译活动;狭义的外宣翻译指具体的、实用的文体翻译,更侧重于具体的对外宣传资料的翻译任务。外宣翻译常见或主要的文本类型大致可以分为:政治文献翻译(政府工作报告、党和国家领导人讲话等)、新闻文本翻译(新闻报道等)、公示语翻译(政治口号或标语等)、信息资料翻译(科技、旅游介绍等)、汉语典籍翻译(文学名著等)等(胡兴文 等,2013)。

五、外宣翻译与软实力

软实力是相对于国内生产总值、城市基础设施等硬实力而言的,是指一个国家的文化、价值观念、社会制度等影响自身发展潜力和感召力的因素。软实力是一切非物化要素所构成的实力,是一国通过吸引和说服别国服从自己的目标从而得到自己想要东西的能力。软实力分为政治价值观(当这个国家在国内外努力实现这种价值观时)、文化(在能对他国产生吸引力的地方起作用)及外交政策(当政策被认为合法且具有道德威信时)。提高中国的软实力就是要提升与软实力休戚相关的外宣翻译中的中国语言风格与文化特色,提高国外受众对中国的期待。通过外宣翻译赢得国际话语权的博弈,更好地发挥中国软实力,提高中国在国际社会的吸引力,向世界传播好中国声音,让外国了解中国、认识中国。外宣翻译的主要目的是通过翻译让国外受众更多地了解中国的发展脉络、发展思想和发展目标(孔令翠 等,2018)。

第二节 外宣翻译的翻译原则与策略

世界已进入全球化传播的时代,以整个世界为范围的传播是对外宣传扩大和外宣翻译发展的结果。外宣翻译既是语言的转换,又是信息的传播。全球化为促进外宣翻译的发展提供了良好的机遇,但也给外宣翻译带来了新的挑战(张健,2013)。外宣翻译的特殊性在于"外宣"二字,因"宣"而"译"、以"译"促"宣"、"宣""译"并重来进行传播,以更好地讲好中国故事、传播好中国声音为目的（彭凤英，2022）。在外宣翻译的过程中，既要保持话语中的中国特色，同时又要注意中外文化的相互交汇与融合。没有文化的交融，就不能达到预期的对外传播效果，就不能实现外宣翻译对外宣传的使命。

一、外宣翻译的翻译原则

2015 年 12 月 11 日，习近平总书记在全国党校工作会议上指出："落后就要挨打，贫穷就要挨饿，失语就要挨骂。"（习近平，2016）为了提升中国的国家形象、发出中国声音，在外宣翻译中需要对外宣工作与外宣业务进行梳理与重构，以提高我国的国际地位、国际话语权、国际影响力和国际传播力。黄友义（2004）提出，坚持外宣翻译需要翻译工作者熟知并运用"三贴近"原则，处理好外宣翻译中的难点问题。"三贴近"原则指的是贴近中国发展的实际、贴近国外受众对中国信息的需求、贴近国外受众的思维习惯。中西方在语言表达、思维习惯和表达方式上呈现明显不同的文化差异是外宣翻译的难点。在外宣翻译过程中，需要遵循几个原则。

（一）端正外宣翻译态度、保持良好的职业道德

外宣翻译最重要的是要秉持端正的爱国态度、坚定的国家政治立场和高度的政治敏感度。外交宣传语言属政治语域范畴，反映一个国家的意志、政策和态度，因而

具有共同的特性和要求，主要表现为：立场鲜明、精确无误、分寸恰当。外交宣传语言作为一种特殊的话语形式，代表国家的对外形象，关涉国家利益、权利和对外关系，其政策性强、政治色彩浓厚。在进行外宣翻译时，翻译工作者要有良好的政治素养，热爱祖国、忠于祖国，这是“站稳立场”最起码的要求（刘春阳，2013）。译者的职业忠诚意识、良好的职业道德与严谨的治学态度在外宣翻译中尤为重要。译者的任务是为了一个既定的目标在不同的语言和文化群体之间搭起一座理解的桥梁（Wilss，1996）。

（二）树立国家形象、讲好中国故事

2021 年 5 月 31 日，习近平总书记在中共中央政治局第三十次集体学习时强调：“讲好中国故事，传播好中国声音，展示真实、立体、全面的中国，是加强我国国际传播能力建设的重要任务”“努力塑造可信、可爱、可敬的中国形象”（习近平，2022b）。树立好国家形象、政治形象是向国际展示中国大国风采的最佳方式，因此建构中国特色大国外交形象尤为重要。在国家形象建构上，许多专家学者从语用学、语言学、国际关系、国家关系、传播学、传播方式等相关领域进行探索，形成的学术观点包括：塑造良好的中国外交形象，既要注意内外有别、外外有别、主次有别，更要重视中国外交独立自主、维护和平、务实负责等具体形象的建构（金正昆，2003）。外宣翻译要以讲好中国故事为原则，坚持和平发展、平等互利、合作共赢的理念，以事实为导向，向世界展示中国的和平大国外交政策，让世界更好地了解中国。人类命运共同体、“一带一路”倡议等的提出，都是树立中国良好的大国形象、让世界了解中国、让世界认识中国的国家形象建构。

（三）宣传介绍中国特色文化

中国特色文化是中华民族在数千年历史长河中创造的物质文明与精神文明的结晶，具有独特的价值观、道德观和审美体系。中国特色文化不仅有着悠久的传统文化，还有与时俱进的新时代文化。新时代的外宣翻译既要传播中国特色文化，又要向世界展示中国的政治经济发展情况与大国精神、思想理念、智慧成果，进而向世界介绍中国、扩大中国特色文化的影响力。

（四）构建具有中国特色的对外话语体系

外宣翻译要以我国独特的中国文化为宣传内容，把中国思想智慧融入具有中国特色的对外话语体系中。传承中国特色文化，是新时代中国扩大对外开放、参与全球治理的载体与表达方式。中国外宣翻译的话语体系面向的是世界上不同国家、不同地区的受众，面对不同的地域文化及产生的文化冲突，在外宣翻译时要坚守具有中国特色的对外话语体系，注意话语表达的逻辑性、完整性和连贯性。在外宣翻译时，还要分析各个国家和地区的不同习惯和特点，准确地、响亮地向世界发出中国声音。

二、新时代外宣翻译的翻译策略

当今的中国正在发生翻天覆地的变化，中国的综合国力、政治影响力、国民生产总值、尖端科技、军事力量等不断强盛，超级大国地位已经显现，中国已成为世界上极具特色和影响力的国家。外国人想要了解中国、阅读中国、研究中国已成为一股不可阻挡的潮流。

外宣翻译肩负着建构与传播国家和区域对外形象正能量的重大使命。外宣翻译既是中译外实践的一种形式，也是对外宣传与国际传播的一种实现方式，更是科学、全面地塑造中国特色大国外交形象的一种手段。外宣翻译的影响因素众多，翻译的目的、时代背景、翻译内容、信息载体、渠道、国外受众等各个因素均会影响到外宣翻译的最终传播效果。外宣翻译所面临的优势集中体现在三个方面：一是国家的政策支持，鼓励外宣翻译发展；二是翻译组织的管理规范、能力素养等；三是中国文化的感染力、吸引力，其不以自我为中心的姿态收获了人心，能够引起文化共鸣等（孔令翠 等，2018）。外宣翻译在中国重塑、建构和平崛起的大国形象中承担着重要使命,不同的外宣翻译目的决定了外宣翻译的策略选择。因此,应该寻找外宣翻译最佳的翻译建构路径、步骤、机制与策略。

(一) 政治等效翻译策略

美国著名翻译理论家奈达的"功能对等"理论,实际上是在外宣翻译过程中应遵循的准则。基于奈达的"功能对等"理论,并结合国际关系学、外交学分析视角,杨明星(2008)提出"政治等效"这一翻译概念。政治等效是外宣翻译中常用的翻译策略,意即"指性相同"。大部分政治词汇敏感度较高,具有专业性、唯一性、语义性、单义性,一般不存在多义词与同义词的情况。依据政治词汇的上述特点及翻译的特殊性,外宣翻译应遵循翻译的两大原则,即政治等效、译名统一。政治等效的内涵是:外交翻译必须准确、忠实地反映源语或说话者的政治思想和政治语境,通过国外受众所能理解的目的语来表达,使双方得到准确的政治内涵。

在外宣翻译中,要做到政治等效,首先必须准确、忠实地反映源语的政治思想和政治语境;其次要用受众方所能理解的目的语呈现出来,保证政治含义的准确性与信息等值;最后要使译文起到与原文相同的政治表达的功能。政治性较强的外宣翻译往往涉及国家利益,代表着国家形象,因此政治等效是外宣翻译必须遵循的准则。译者除了要译出政治词语的正面语用意义,更要传达出中文的词意内容与弦外之音,做到文字与思想的统一,真正实现政治等效的意义,否则可能会损害国家形象和国家利益(余秋平,2016)。

(二)了解目标受众的翻译策略

黄友义(2004)提出外宣翻译必须遵循的“三贴近”原则中的第三条原则提到,要使传播的信息及文本惯例符合国外受众的思维方式和阅读习惯。这一原则总结起来就是在进行外宣翻译时要以目标受众为根本。不同的目标受众来自不同的文化群体和文化结构,对信息的解读也各有差异,他们对于新信息往往会受到受教育程度、接受信息的目的、个人需求等诸多因素的影响。

在进行外宣翻译时,译者要遵循“真实、立体、全面”的原则,当具体选择哪个词来翻译的时候,译者就得看目标受众是政治家、一般学者还是一般民众(朱义华,2019)。我国在海外的受众之间差异很大,在进行外宣翻译时要充分考虑目标受众是发达国家的还是发展中国家的,因为不同的国家对我国信息的需求和态度有很大的不同。他们关注的角度、习惯用语和接受程度都不同,要想做到准确翻译、为国家建构良好的国际形象,必须充分了解目标受众。因此,翻译时应该采用目标受众习惯的、常用的、易于接受的表达,如使用一些接地气的词汇。因此,从外宣翻译译者的角度看,在翻译过程中要以目标受众为中心,遵循"事实第一"的原则,解读目标受众的需求来实施变通的翻译策略,力求使译文通俗易懂。

（三）异化翻译策略

异化(foreignization)指根据既定的语法规则将源语文化紧密相连的短语或句子译成目的语。异化能够很好地保留和传递原文的文化内涵,使译文具有异国情调,有利于各国文化的交流。劳伦斯·韦努蒂(Lawrence Venuti)在1995年出版的《译者的隐身:一部翻译史》(*The Translator's Invisibility: A History of Translation*)中提出了"异化翻译",这是当代西方翻译理论中颇具创造性、延展性与争议性的理论之一。外宣翻译中,需保留汉语原文的语言与文化特色,尽量保留原文信息内容,同时传递给译文读者中国的语言意蕴,消除译文读者对译文的"陌生感",选择异化的翻译策略更为合适。

异化翻译策略能够让译文在传播中华特色文化的基础上保留原文的异国情调(foreignness)、故意打破目的语的规约。例如:"新时代中国特色社会主义思想"译为

Socialism with Chinese Characteristics for a New Era；“命运共同体”译为 a community with a shared future；“坚持大扶贫格局”译为 continue to advance poverty reduction drawing on the joint efforts of government，society，and the market 等，这些都是异化翻译。异化翻译策略是实现不同国家之间文化译介与融合较为理想的翻译策略。

（四）“译＋释”并用的翻译策略

外宣翻译架起了国内外不同语言、中西方文化沟通的桥梁。从语言角度讲，汉语重意合、英语重形合；从文化角度讲，西方文化是理想主义的绝对观念，中国文化则是现实主义的中庸思想。外宣翻译的对象是国外受众，他们的价值观念、思维方式、认知背景、生活方式、阅读兴趣等方面都与中国人不同，外宣翻译工作者在外宣翻译中要考虑国外受众的价值判断与思维方式，可以通过“译＋释”并举的翻译策略做好外宣翻译（卢小军，2012）。使用该翻译策略可以将中方的外宣信息准确地传达出去，帮助消除国外受众理解上的障碍，更好地让国外受众认识中国的理念、政策、事物与现象。

在进行外宣翻译时，译者需要了解相应的解释性翻译策略，需要知晓源语文本表达的最佳语境翻译效果，消除译文读者对原文语境认知理解的障碍，帮助读者更好地理解原文内容。因此，译者应该从三个方面进行探索：一是充分地向译文读者提供原文的语境信息，让他们在了解语境后明白文本信息；二是译文要与译文读者产生充分的关联，为其提供充分的语境效果；三是译文的表达方式要让译文读者在不费力阅读的同时产生预期的理解。在外宣翻译中，对源语文本的定语从句、介词短语、同位语等语法结构进行解释与说明、补充与注释、背景展示与渗入等，使译文读者更加了解译文文本。古特(1991)认为，译者可使直接翻译的阐释法变得更为容易些，就是通过诸如解释、夹注、集注之类的附加交际渠道为译文语境提供部分所需信息。

1. 用定语从句进行解释

在外宣翻译中，用定语从句对句意进行补充是常用的方法之一。例如，“辽宁是‘共和国工业奠基地’，拥有165家国家级专精特新‘小巨人’企业，这些企业聚焦高端装备制造、新材料研发等关键领域，为东北振兴提供核心动能。”这句话的译文为：Liaoning, which is hailed as the “Cradle of China’s Industrialization”, hosts 165 national-level “Little Giants” enterprises—specialized, refined, distinctive, and innovative firms (defined as SMEs with core technologies in niche markets)—that focus on key sectors like advanced equipment manufacturing and new material R&D, driving the revitalization of Northeast China through technological breakthroughs. 译文使用 which 引导定语从句的方式整合原文的长定语，避免头重脚轻，即对原文中“专精特新”这一政策术语进行定义翻译＋功能阐释。

2. 用介词短语进行解释

习近平总书记在北京大学师生座谈会上的讲话中提道：“梅贻琦先生说：‘所谓大学者，非谓有大楼之谓也，有大师之谓也。’”（习近平，2014）这句话的译文为：Mr Mei Yiqi opined that the key to the success of a university lies in having a lot of highly accomplished gurus rather than imposing buildings. 译文把整个句子的意蕴表达了出来，其中 the key to the success of（成功的关键）这个介词短语暗含了原文中“大学成功的关键在于‘大师’”之意。该译文通过使用介词短语，在表达原文含义的基础上进行了解释。

3. 用同位语进行解释

在外宣翻译中，用同位语进行解释是处理文化缺省现象时常用的一种形式。例如，He said more members

of the Chinese People's Political Consultative Conference, the nation's top political advisory body, were trying Third Generation (3G) applications this year, rather than simply using their phones to make calls. 这句话的译文为：他说，今年有更多的中国人民政治协商会议（中国共产党领导的多党合作和政治协商的重要机构）成员开始尝试第三代（3G）应用，而不仅仅是用手机打电话。（卢小军，2012）

译文采用了同位语结构进行解释和说明，帮助国外读者了解“中国人民政治协商会议”是中国国家治理体系的重要组成部分。这个同位语自然地将我国的国家机构与原文相结合，使读者一目了然地了解中国人民政治协商会议的性质定位。

（五）语用等效的翻译策略

外宣翻译的重点在于译文要达到与源语文本的同效功能，既要把原文内容表达出来，又要使译文自然、贴切、忠实于原文，能够被国外读者接受和理解，从而达到对外宣传的效果。

语用等效翻译策略，需要源语与目的语表达一致的含义，在翻译过程中更加注重我国汉语的特色语言风格与特色词汇，以实现在特殊语境下的语用等效。在外宣翻译中，译者需要把握原文的真实意图，可以从语言主旨的信息内容、语言风格、语言方式、语言语境等出发，运用灵活的策略对原文的特色中国词汇、语境等，寻找翻译的语用等效信息，进行恰当的语用综合处理，以合适的方式表达出来，使译文传递出原文的信息和真实意图。

例如，“中国传统佳节七夕之时，世博园内的许多场馆都用独特的形式，庆祝这个中国最浪漫的传统节日。”这句话的译文为：Chinese Qixi Festival (Chinese Valentine's Day), which is the seventh day of the seventh month of China's lunar calendar, falls on August 22nd this year. This has been a romantic day for both Chinese and foreign pavilions. Many pavilions celebrated Qixi Festival in their own ways. 在原文中，“七夕”翻译为Qixi，外国读者很难理解它指的是什么，在翻译中需要将其发音、所指、意义、性质、日期等重要信息，用拼音加解释性翻译的方式注明，通过补充原文的文本外信息、提供汉语文化的社会语用知识，扩大外国读者的认知语境。“七夕”的翻译同时运用中国的传统历法与世界通用历法的日期差表达出来，让译文更易为外国读者所了解。此外，如今中国的“七夕”与西方情人节（每年的阳历 2 月 14 日）的部分意义相近，在翻译时使用了括号法对其作了进一步的解释说明，从而使译文达到了翻译的语用等效。

（六）基于文本的翻译策略

外宣翻译需要依照源语文本进行，在强调信息传达的基础上，应达到准确、通畅、正向传达、易于理解的效果。外宣翻译是一种应用翻译，译者在外宣翻译过程中，应该依据源语文本进行恰当、准确的翻译。例如，2014 年 12 月，习近平总书记首次提出了"'四个全面'战略布局"，该短语可以译为 Four-pronged Comprehensive Strategy。译文中 four-pronged 的表达可以让外国读者联想到耙子的四个齿，同时喻有"四管齐下"之意，突出了"'四个全面'战略布局"的全面性和全局性。

（七）译者主体性翻译策略

外宣翻译常常涉及政治、外交、意识形态等问题，因此，外宣翻译工作者首先是翻译活动的策划者、操作者和执行者，具有主体性。法国著名翻译理论家安托瓦纳·贝尔曼（Antoine Berman，1995）在著作《翻译批评论：约翰·唐》（*Pour une Critique des Traductions*：*John Donne*）中指出，在翻译批评的过程中，必须将译者主体性作为基本出发点，并提出"走向译者"的口号。

译者主体性是指作为翻译主体的译者在尊重翻译对象的前提下，为实现翻译目的而在翻译活动中表现出的主观能动性，其基本特征是翻译主体自觉的文化意识、人文品格和文化、审美的创造性（查明建 等，2003）。译者的主体性是指译者在受到边缘主体或外部环境及自身视域的影响制约下，为满足译入语文化需要在翻译活动中表现出的一种主观能动性，它具有自主性、能动性、目的性、创造性等特点（屠国元 等，2003）。译者主体性强调译者具有"自主性"与"创造性"特征，译者主体性的本质与特征则必定体现在译者作为翻译的实施者而自觉采取的一系列行动中（刘云虹，2012）。

外宣翻译以传播中国文化、传递中国声音、树立良好的中国国家形象为根本。外宣翻译中的译者主体性体现在译者要对外宣的文本进行推敲，因为译文读者与原文作者所处的文化环境往往存在差异，译者有权采用各种不同的翻译策略使译文具有可接受性。此时，原文只是"原材料"，译者可以根据需要对其舍取、重组、加工和推敲（张南峰，2004）。实现外宣翻译的准确性、表达性、地道性、易读性，取决于译文读者对译文的接受度、认可度，所以，译者要充分发挥主观能动性。作为翻译主体的译者在尊重翻译对象的前提下，为实现翻译目的而在翻译活动中表现出来主观能动性，其基本特征是翻译主体自觉的文化意识、人文品格和文化、审美创造性（Vygotsky，

1978）。从译者的主观目的出发，译者在原文的选材、翻译方法的选择、译文质量的优劣等方面发挥的主体性，对外宣翻译起到非常大的作用。

第三节　外宣翻译存在的问题与对策

长期以来，我国在各项外交活动中一直贯彻执行独立自主的和平外交政策，以维护国家领土主权和海洋权益为根本，进一步提升对外的国际影响力，加强同主要大国的协调合作能力，持续推进同周边国家的全面合作，不断深化同发展中国家的友好合作，密切加强同联合国等国际组织的联系，日益彰显大国形象。所有这些，都需要通过外宣翻译架起沟通中西方文化交流的桥梁，将汉语信息源转换成以英语或者其他语言为信息载体，并通过各种媒体渠道将信息准确地传达给国外受众。

在外宣翻译的过程中，会出现各种各样的问题，怎样才能尽量避免呢？本节主要介绍外宣翻译存在的问题，并以提升外宣翻译质量为目的提出了相应的对策。

一、外宣翻译存在的问题

国家层面的外宣翻译必须把握政治方向的正确性，本节只谈及国家层面之外的外宣翻译。

翻译得不好，不仅不能被国外受众接受，还容易引起误解，从而达不到对外宣传的目的，更严重的情况还会直接影响我国在国际上的形象，产生难以弥补的后果。诸如在城市形象建构、企业展览、大型展会宣传、画册画报报道、外文宣传展示等的外宣翻译中，经常出现以下的翻译问题。

（一）专有名词译名缺乏统一性

对外宣传是为了传递信息和促进交流，让世界各国更好地了解中国的发展，而在外宣翻译中，同一名胜古迹、机构名称、路名、地名等专有名词仍存在译名不统一的现象。专有名词译名缺乏统一性，不仅会让国外受众不解，还可能会导致其对信息的误解。以西安著名旅游景点“大雁塔”为例，有的译为“Big Wild Goose Pagoda”或“Giant Wild Goose Pagoda”，还有的翻译为“Dayan Pagoda”等。在外宣翻译中应该有确定的、统一的译文，这样才能维护好国家的形象。

因此，译者在进行外宣翻译时需要根据已经确定下来并被广泛认可的词汇、语句、标准等进行翻译，让国外受众接受统一的译文，以达到译文对外传播的统一性。

（二）对国外受众的关注度不够

外宣翻译译文的受众大多在国外，所以译文应该多关注国外受众的需求和反应，而如今的外宣翻译对国外受众的关注度还不够。外宣翻译涉及源语和目的语两个文本：用源语语言写成的源语文本是翻译的起点，用目的语写成的目的语文本是翻译的终点，也就是翻译的成果。国外受众的关注点在于译文以及译文意义再现的原文表达核心，他们的作用不仅表现在意义生成的过程中，还表现在对源语与目的语文本的接受和传播上。所以，在外宣翻译中要时刻关注国外受众的接受程度，以及他们是否能够起到扩大目的语文本传播范围的作用。

（三）望文生义

外宣翻译的过程重在解决跨文化交际间不同文化的差异带来的问题，特别要避免由于不了解某一词句的确切含义或来源，光从字面上去翻译，导致翻译不准确或误译，即望文生义。如果将信息胡乱堆砌起来，译出晦涩难懂的译文，造成译文语句不通顺、错误百出，国外受众就无法理解源语文本的真实信息，更无法达到预期效果。当然这样的翻译会经常发生在刚刚入行的翻译新人身上，他们通常在中外语言本身的文化差异与复杂性方面、不同专业领域的局限性方面、高科技发展的动态性方面等掉入望文生义的陷阱，导致译文不能够被国外受众接受，使外宣翻译丧失了应有的交际功能。如“自由主义”，过去常译作 liberalism，这个译文对国外受众来说可能会引发负面联想。根据“自由主义”在中国政治语境中的含义，在中国共产党第十九次全国代表大会的英文版里，将其译为 behavior in disregard of the rules，解决了“自由主义”在外宣翻译中的误译问题。

（四）不符合外语语言表达规范

外宣翻译译文的目的语是英语或其他语言，有时会出现译文不符合外语语言表达规范的问题。因此，在进行外宣翻译时需要适时考虑目的语本身的语言规则，这样才能使译文被国外受众理解，才能传达外宣的宗旨。例如，entrepreneurial park 和 pioneering garden 从字面都可以翻译成“创业园区”，但实际上 entrepreneurial park 更符合英语的表达习惯，这才是恰当的翻译。

（五）中式英语

外宣翻译工作者常常会受汉语思维影响，在翻译过程中有时会过分地拘泥于中文的字句，译出的译文就晦涩生硬，导致国外受众不能理解译文，使译文的可读性变差，进而无法达到理想的对外宣传效果。外宣翻译工作者需要知晓汉语和英语语言文化的差异，不能一味地以汉语的表达习惯和语序进行翻译，否则就容易导致中式英语的出现。汉语常常使用强烈的形容词或副词作修饰语,诸如“圆满结束”“圆满成功”等词在翻译时应尽量符合英语的表达习惯,将修饰语弱化或略去不译。遵循这一规则,“圆满结束”可以直接译为 conclude 或 end,不要译为 conclude with complete success。

二、外宣翻译质量提升的对策

外宣翻译以传播为媒介。美国传播学者哈罗德·拉斯韦尔(Harold Lassewell)在 1948 年发表了《社会传播的结构与功能》(*The Structure and Function of Communication in Society*)研究论文,对社会传播的过程、结构及功能,作了较为全面的论述,并清晰地阐释了五个要素(5W)的传播模式:who→says what→through which channel→to whom→with what effects(拉斯韦尔,2003)。结合实际可以理解为外宣翻译由谁来翻译?有哪些参与者?译什么?如何译?译文由谁来阅读?译文读者的接受程度或受影响的程度如何?因此,从宏观角度看,外宣翻译实际上是一个完整的传播行为(彭萍 等,2018)。为了提升外宣翻译的质量,更好地传播信息,可以采取以下对策。

(一)保持高度的责任感和使命感

作为外宣翻译的译者,首先要具备一定的职业道德,明确高度的责任感和使命感是做好外宣翻译的前提。外宣翻译的译者在内心深处，应始终树立起“讲好中国故事、传播好中国声音、彰显国家形象”的责任与使命。

（二）制定国与国之间交际性的外宣翻译原则

对外宣翻译的重视程度体现在，其作为交际翻译范畴，能够准确地传递外宣翻译信息。外宣翻译通常在不同的文化之间进行，翻译过程中首先要领会原文表达的主旨，对原文进行推敲、加工、删减、重组、释义，使译文达到最大化的外宣翻译效果。从宏观的角度看，在外宣翻译中更重要的是制定国与国之间交际性的外宣翻译原则（曹润宇 等，2015）。在此原则的基础上进行翻译，能够使译文更加规范、统一，这样才能译出使国外受众接受的译文，从而准确地传递外宣信息。

（三）了解国外受众的思维习惯

外宣翻译是向国外受众介绍中国，那么在翻译过程中译者首先要明确国外受众了解中国的目的和需求，然后用符合语境的表述来向他们解释，通过现代的传播手段和国外受众喜爱的媒体平台，将我们的外宣信息传播出去，这样会大大提升外宣翻译对外传播的效率和效果（朱义华，2019）。

（四）具备中西方跨文化意识

在外宣翻译过程中，译者要对中西方跨文化交际有充分且正确的认识，了解各国的风俗、习惯等。中西方文化差异较大，对于外宣翻译的译者来说，翻译时应该注重分析和比较，充分了解国外受众的思维方式。面对不了解中国历史文化、不懂中国语言的国外受众，外宣翻译的译者要用西方语境和他们习惯的表达方式讲述中国故事，提高个人叙事能力。因此，外宣翻译的译者应当与时俱进，成为两种文化之间的桥梁，做好中外文化的使者，不辱时代赋予的使命（胡兴文 等，2013）。

（五）提高外宣翻译的影响力

外宣翻译是在翻译过程中不断扩大我国国际传播的影响力、中华文化的感召力、中国形象的亲和力、中国话语的说服力、国际舆论的引导力（朱义华 等，2021）。提高外宣翻译的影响力是21世纪实现中国大国外交的必要条件，因此，准确地翻译具有中国特色的外宣话语能够提高亿万国人的自豪感，为推动人类命运共同体与“一带一路”建设贡献一份力量。

第四章

语用学视角下的外宣翻译

语用学视角下的外宣翻译是指在跨文化交流中，通过语用学的理论和方法来指导外宣翻译的实践，以确保翻译内容在目的语文化中能够被准确理解和接受。因此，外宣翻译需要考虑语言习惯、交际规则和语境因素，以实现信息的准确传递和跨文化交流的有效性。

第一节 外宣翻译与语用分析

外宣翻译的宣传功能与语用学的语言使用功能密切相关、互相呼应，从语用学视角进行外宣翻译要体现出“语贵适境，文贵适体”的语用学思想。在进行外宣翻译时，特别要注重原文话语的得体性和其对源语文本语境的顺应性，这是理解源语文本必不可少的条件。

语用分析是对自然、真实的语言经过语法分析、语义分析后，加入更高级的语言学分析，它是在语境中把握和运用语言的研究，其核心是语言使用的语境。在进行外宣翻译的过程中，如果译出的话语或语篇不能够恰当地顺应源语语境，就会出现语用失误。“语用失误”的概念最早由英国学者珍妮·托马斯(Jenny Thomas，1983)提出，意指在特定的语境中，说话者或译者没有按照目的语的语言习惯和文化背景来正确表达或理解话语，从而导致交际失败，主要是由文化差异、语言结构差异、语义差异等因素引起。本节主要介绍两类语用失误：语用语言失误和社会语用失误。

一、语用语言失误

语用语言失误主要是指由于对目的语的语言规则、词汇用法、语法结构等方面的错误理解或运用而导致的失误，包括错误地使用目的语或根据母语的语义或结构使用目的语。具体来说，就是当说话人映射在某一特定话语上的语用力(pragmatic force)有别于以该话语为母语的人通常所映射的语用力或者当说话人将母语的会话策略错误地转移到目的语上的时候，语用语言失误就产生了。因此，若外宣翻译译者的话语建构方式违反了基本的语言规则，不符合国外受众的语言使用习惯，就会造成语用语言失误（陈静，2011）。

外宣翻译是对外宣传中国，所以遣词造句必须反复斟酌，有效地传达信息、传播中国声音，进而起到对外宣传的作用。在进行外宣翻译时，由于中西方语言的表达方式差异产生的语用语言失误往往造成国外受众对译语的误解或误用，进而导致外宣译文信息传递的失误。

外宣翻译涉及许许多多不同类型的文本。以展会文本的翻译为例，“展区”是该类文本中常用的词语，通常译为 exhibition section，exhibition 这个词汇是根据展览馆内展区的实际规模大小而确定的；如果选用 pavilion 这个词汇，虽然它有有“展馆、展区”之意，但更多指的是博览会等中用室外大帐篷临时搭建的展出馆，即 a temporary structure, especially a large tent, which is used at an outdoor public event, for example an exhibition 的意思（陈静，2011）。这个例子充分展示了在外宣翻译中的语用语言失误现象。

在外宣翻译过程中，译者常常会受到源语的影响，难以辨别源语与目的语在语言结构与用词上的差异，容易出现译文违反目的语语言使用规范的问题。正如上述译例，看似通顺，实际却误导了国外受众。对比汉语和英语的语言风格:汉语往往四字结构居多、对仗工整、辞藻华丽、意义深长;而英语通常简洁明了,重事实表述,句法结构复杂,多用陈述句、祈使句以及各种短语等。因此,外宣翻译的译者需要在充分理解原文实质内容的基础上,重视源语语境,采用正确、规范的表达,减少信息传递障碍,译出准确的译文。

二、社会语用失误

社交语用失误是指由于对目的语所在文化的社交规约、价值观念、风俗习惯等方面的不了解或忽视而导致的失误。不同的文化有着不同的社交礼仪和规范,这些差异在外宣翻译中如果处理不当,就容易引发社交语用失误。语言是文化的组成部分,语言的背后是强大的社会文化背景。由于不同文化间存在巨大差异,所以在一种文化中司空见惯的现象,却可能在另一种文化中形成文化信息空缺,由此造成语言交流障碍,导致语用失效(陈静,2011)。不同的语言与社会文化关系紧密相关,并以不同的社会文化价值折射出社会不同层面群体的行为准则与思维方式。

社会语用失误具体表现为文化信息空缺、价值观念有别、社会习惯不同等,包括不同语言之间礼貌语的语用差异、称谓语的语用差异、招呼语的语用差异、委婉语的语用差异以及邀请和致歉的语用差异等，这些社会语用失误足以使听话人疑惑不解、无法接收正确的信息(杨哲宇 等，2017)。例如，在西方国家，人们通常比较注重个人隐私，不喜欢被问及年龄、收入、婚姻状况等私人问题，而在中国这些是常见的询问语。如果在外宣翻译时将这类询问语直接翻译出来，就可能会让西方人感觉不舒服。因此，在外宣翻译的过程中一定要注重“内外有别”，这样才能更好地对外宣传、传播中国声音、树立国家形象。

通过语用分析，避免不同的语用失误，是外宣翻译能够在不同语境中发挥最大作用、取得最佳语用效果的关键(陈静，2011)。因此，避免语用失误是对外宣传的重点，把握源语文本核心语境的同时了解目的语的语言与文化背景是避免语用失误的首要任务。

第二节　外宣翻译与语用等效翻译策略

语用翻译的核心是语用等效，通过对比两种语言，译者要译出原文作者或说话人的意图，使目的语读者或听话人理解与接受(何自然，1997)。英国曼彻斯特大学教授蒙娜·贝克尔(Mona Baker，2000)认为，不同的社会、不同的文化群体对世界有不同的体验，对事物的构成方式及其相互之间的联系有不同的看法。判断一个文本是否可以被接受并不依赖该文本与世界的联系，而是依赖读者的观点，即读者认为现实文本所呈现的内容是否可信、与世界是否有关联。

语用等效是翻译理论中的重要原则，强调在跨语言交际中实现源语与目的语在语用效果上的对等，具体包含语用语言等效和社交语用等效两个维度。语用语言等效要求译者在语言层面（如词汇、语法、语义）灵活处理原文文本，通过使用目的语中最贴切的语言传达原文的意图，而非拘泥于字面形式。社交语用等效关注社会文化背景差异的调和，需根据源语与目的语所在地的社会习惯、人们的价值观进行调整。

基于语用等效原则的语用等效翻译策略，是外宣翻译过程中常用的翻译策略。在外宣翻译的过程中，一些具有中国特色文化的表达常常需要使用语用等效翻译策略，使原文和译文在语用层面达到外宣语境下的等值效果，确保译文读者能够获得与原文读者相同或相似的理解和感受。为了实现语用等效，译者需要准确把握原文的外宣目的，采用合适的翻译方法如省译、释译、改译、重组等，对原文内在的信息、表达方式和语言风格进行综合处理。在使用语用等效翻译策略时，译者应该注重处理源语文本的使用意义，通过静止的语言结构与信息，对特定语境进行全面分析，正确处理不同的语言与文化间的语用等效现象。

在外宣翻译过程中运用语用等效翻译策略，能够提升信息传达的准确性和有效性、增强文化传播的效果、提高外宣翻译的质量和水平、塑造良好的国家形象。

第五章

外宣翻译的话语体系

话语是表达一定的思想、观念、情感、理论、知识、文化等的字词、句式、信息载体或符号，也就是说，思想是内容、是本质，话语则是形式、是表现。话语体系是思想理论体系和知识体系的外在表达形式，受思想理论体系和知识体系的制约，有什么样的思想理论体系和知识体系，就有什么样的话语体系。

2021 年，习近平总书记在中共中央政治局第三十次集体学习时强调，讲好中国故事，传播好中国声音，展示真实、立体、全面的中国，要加快构建中国话语和中国叙事体系(习近平，2022b)。

第一节　对外话语体系

对外话语作为国家语言战略能力的重要分项（文秋芳,2019）,是处理与国家战略利益相关的涉外事务时产生的表达和发声体系（李宇明,2011）,其本质是向全人类文明体系贡献中国知识、中国思想、中国智慧,与“各国话语体系”合作,“共同说明”整个世界（胡范铸,2015）。

本节主要从对外话语体系的概念与内涵、核心要素、定位与功能、研究进展和构建几个方面进行介绍。

一、对外话语体系的概念与内涵

“话语”（discourse）一词,最早来自语言学。话语是语言的具体社会存在形态,是人与人通过语言进行沟通的行为与活动,即一定的说话人与受话人在特定的语境中通过文本而展开的沟通活动。话语是特定社会文化语境中的言语互动行为及其指向的权力关系网络,它被界定为一种社会实践,与社会其他元素构成了辩证实现关系,即话语在受到社会现实影响的同时,也在构建社会现实。根据话语的研究对象,话语可以分为媒体话语、商务话语、外交话语等,通常关注文本的性质以及这些文本如何构建不同类型的社会现实。从社会建构主义视角来看，话语不仅是一种事关意义传递的语言问题，更是一种涉及观点表达和权力关系建构的政治问题。因此，话语是建构国家形象、塑造国家身份、掌握国际话语权的重要手段。从这种意义上来说，话语无疑成为跨文化传播的一个重要视角和研究内容。从中国目前所面临的国际环境来看，迫切需要一个与之相适应的对外话语体系。

对外话语体系是一个国家或一个民族与外界交流、沟通和互动的载体和媒介，可以从狭义和广义两个方面来解释对外话语体系的概念。从狭义方面解释对外话语体系：首先，它是对外交流过程中所使用的语言；其次，它是通过频繁使用某些语言和社会化过程而沉淀出来的主要话语；再次，它是经过自身和外部世界的主要问题形成的相对稳定的表象；最后，它是在交流过程中形成和延续的主要叙事风格和言语习惯。从广义方面解释对外话语体系：它是一个系统，强调对外交流的具体语言、话语内容、对外话语主体、对外话语媒介、对外话语传播平台及传播效果等多个方面，这些因素相互影响、缺一不可，共同作用于国家形象建构、国际话语权提升和国家利益维护（王晓辉，2021）。

对外话语体系这一概念诞生于中国，具有鲜明的时代特点，包括对外话语内容、对外话语形式和对外话语结构三个部分，内容是核心、形式是重点、结构是关键（谢清风 等，2022）。中国的对外话语体系是国家在对外宣传的过程中用来表达观点、宣传学说、传递价值、塑造形象的表现方式，是国家向外部世界系统化阐述中国的思想理论体系、知识文化体系和治国方略体系的言语符号形态的总和（吴赟，2020）。随着中国的国际影响力不断提升，构建对外话语体系，用准确的、鲜活的语言来向世界介绍中国，打造融通中外的新视角、新概念、新范畴、新体系、新表述，是当今对外宣传工作中的重要任务之一。习近平新时代中国特色社会主义思想是中国对外话语体系的精髓与主体。

二、对外话语体系的核心要素

对外话语体系是国家对世界的陈述系统，在国际传播中至关重要，其核心要素涵盖价值理念、叙事框架、话语策略、传播载体、实施路径五个维度。

（一）价值理念：构建对外话语体系的底层逻辑

对外话语体系的价值理念是构建对外话语体系的底层逻辑，主要包括共同价值、文化基因和国家立场等。首先，共同价值可以超越意识形态差异，形成国际共识基础。例如，人类命运共同体的理念强调“和平、发展、公平、正义、民主、自由”的全人类共同价值。其次，文化基因可以增强话语的文化感染力与认同感。例如，儒家“和而不同”、道家“天人合一”的思想融入对外话语表达。最后，我国的国家立场明确，坚持独立自主外交政策、坚守“不干涉内政”“平等互利”等底线。

（二）叙事框架：组织对外话语内容的结构化工具

对外话语体系的叙事框架是对外话语内容的结构化工具，主要由问题导向、历史纵深、未来愿景三个要素构成。首先，问题导向指针对国际社会关注的热点问题（如气候变化、减贫）构建叙事，如中国脱贫攻坚成就成为全球减贫叙事的核心案例。其次，从历史纵深上看，可以将当代成就与历史进程结合，进而增强对外话语的历史厚重感与说服力，如“五千年文明史”“七十年发展史”。最后，未来愿景的目标是通过“一带一路”“全球发展倡议”等框架描绘国际合作的前景，以期激起国际社会对共同未来的期待。

（三）话语策略：提升传播效能的关键路径

对外话语体系的策略是提升传播效能的关键路径，主要包括精准传播、引起情感共鸣、设置议题等。首先，精准传播指利用“分众传播”原则，针对不同受众定制传播的内容，可以分为政府话语（权威性）、学术话语（专业性）、大众话语（通俗性）等。其次，可以通过故事化表达，如“中非友谊”案例、视觉化呈现、纪录片等方式引起情感共鸣。最后，通过设置议题，掌握国际舆论的主导权，如习近平总书记于2021年9月21日在北京以视频方式出席第七十六届联合国大会提出“全球发展倡议”，以期推动国际社会关注发展中国家诉求。

（四）传播载体：实现对外话语触达的物理渠道

对外话语体系的传播载体可以实现对外话语触达的物理渠道，主要分为官方渠道、媒体矩阵、民间力量等。首先，官方渠道作为对外话语体系的“官方背书”，具有权威性和很强的号召力，如政府白皮书、外交部发言、领导人出访讲话等。其次，媒体矩阵能够更广泛地覆盖受众，提升国家的影响力，主要包括传统媒体（中国国际电视台，China Global Television Network，CGTN）、新媒体平台（TikTok）、社交媒体（Twitter）等，其中CGTN通过短视频形式在海外社交平台获得超1亿粉丝。最后，民间力量可以发挥对政府间外交的补充与促进作用，以“柔性传播”增强话语的亲和力，如孔子学院、海外华文媒体、国际智库等。

（五）实施路径：从理论到实践的转化

对外话语体系的实施路径实现了从理论到实践的转化，主要包括建立反馈机制、培养国际传播人才、创新对外话语表达等形式。首先，可以通过舆情监测系统实时跟踪国际舆论动态，建立反馈机制，调整话语策略。其次，加强对外语能力、跨文化传播能力、国际议题研究能力的复合型国际传播人才的培养。最后，通过采用“全球南方国家”“新兴市场国家”等创新性的话语表达，避免使用可能引发误解的词汇。

对外话语体系的核心要素需以价值理念为内核、以叙事框架为骨架、以话语策略为血肉、以传播载体为羽翼，通过持续优化与动态调整，构建具有国际影响力的话语体系。

三、对外话语体系的定位与功能

美国著名语言学家泽里格·哈里斯(Zellig Harris)是继莱昂纳德·布龙菲尔德(Leonard Bloomfield)之后“美国新语言学的发言人”，他于1952年首次提出“话语分析”(discourse analysis)的概念，将话语置于语境中考察。自20世纪60年代起，话语成为跨学科术语，频繁出现在国际关系、历史学、新闻学等不同领域的论述与研究之中。法国思想家米歇尔·福柯(Michel Foucault，1981)认为，话语的陈述主体由话语构建并受话语支配，陈述主体必须依托话语体系而存在，其角色和属性由话语定义。法国思想家皮埃尔·布尔迪厄(Pierre Bourdieu,1991)认为,话语具有社会建构性,代表话语主体的阶级、立场与意识形态。荷兰新闻学者托伊恩·梵·迪克(Teun van Dijk,1997)指出,话语实际上是“社会互动”。这些专家学者都谈及了话语的动态建构性。

对外话语体系是个体与外界的中介,个体通过对外话语体系的构建、选择与解构来行使权力。从对外话语体系的定位来说,它是围绕国际传播与交流这一命题展开陈述,由不同话语主体连接成意义相关的系统化交际内容。这些不同领域的话语,包括政治话语、经济话语、军事话语等借助不同的概念、内涵与表达方式,传递话语主体的意图、思想与情感,从而实现特定的话语功能,达到推动社会实践、建构主体形象的目的(吴赟,2020)。我国对外话语体系主要有战略、功能、文化三个方面的定位。第一,战略定位,指我国是全球治理的平等参与者,而非西方主导秩序的挑战者;第二,功能定位,指我国的对外话语性质从“说服”转向“对话”、从“告知”转向“共鸣”;第三,文化定位,指我国的对外话语是中华文明的现代性表达,而非传统文化的简单复刻。通过精准定位,对外话语体系正逐步实现从“他塑”到“自塑”的转变,为构建新型国际关系提供话语支撑。

话语的功能既是纯语言的,即一组包含具体符号、概念、词句、语音及语法等的语言符号，同时也是大于语言的，因为它表达特定主体自身的观念认知、情感表达及意志状态（王铭玉 等，2021）。我国对外话语体系的功能可归纳为以下七个核心维度。第一，塑造国家形象与软实力，即通过精准话语传递中国的发展理念、文化价值观及制度优势，提升国际社会对中国的认知与认同。第二，解释政策主张与行动逻辑，即对外阐释中国内政外交政策的出发点、目标及实施路径，减少误解与偏见。第三，增进国际理解与跨文化沟通，即通过文化交流与话语创新，促进不同文明间的对话与互鉴。第四，引导国际舆论与议程设置，即主动设置国际议题，抢占话语权，引导全球舆论走向。第五，应对国际挑战与危机传播，即在重大国际事件中，及时发声，澄清事实，化解危机。第六，促进国际合作与共赢发展，即通过话语协商，凝聚共识，推动国际合作项目落地。第七，创新话语表达与传播技术，即利用新媒体、人工智能等方式，提升话语传播效率，扩大话语传播覆盖面。

我国对外话语体系既服务于国家核心利益，也致力于推动全球治理体系的公平与正义，为构建人类命运共同体提供话语支撑。

四、对外话语体系的研究进展

2021年，习近平总书记在主持中共中央政治局第三十次集体学习时强调，要加快构建中国话语和中国叙事体系（习近平，2022b）。其实在2013年，习近平总书记就在中共中央政治局第十二次集体学习时强调，要精心构建对外话语体系（习近平，2014）。翻译是对外话语体系建设的重要组成部分，是中国话语对外阐释、译介、传播全链条工作体系中承上启下的重要一环。对外话语体系涉及国家语言能力问题，包括语言的治理能力、核心能力和战略能力等方面（文秋芳，2019）。对外话语体系研究的底层逻辑是由"谁说""何时说""怎么说"等问题群组构成的话语体系，构建中国对外话语体系的根本目标应该是向全人类文明体系贡献中国知识、中国思想、中国智慧（胡范铸，2015），既包括理论设计层面的语言战略规划，也包括实践层面的修辞、翻译与传播（郭亚东 等，2020）。

（一）对外话语体系研究的理论创新

我国对外话语体系研究以国家形象建构为核心，推进国家（机构）与国家（机构）之间的对话，增进机构与公众的理解，最终促进人类社会的和谐发展（郭亚东 等，2020）。对外话语体系研究包括话语体系的性质、话语体系的类型、话语体系的结构、话语体系的功能、话语体系的特征及话语体系的转换等。就对外话语研究的理论创新与实践方面来说，吴赟(2019)提出了“国家形象自我建构”和“国家翻译规划”的概念。“国家形象自我建构”话语体系主张国家通过自主表达、传播和阐释，塑造自身国际认知与评价的系统性话语框架。其核心在于突破西方话语霸权，以中国实践为基础，构建具有中国特色、体现中国价值观的叙事体系，服务于国家战略目标与国际传播需求。这一过程强调主动性、策略性与系统性，区别于国际舆论的被动接受。“国家翻译规划”话语体系主张把宏观层面的外译传播视为国家在翻译领域的全局性、长期性规划，认为国家翻译规划既要对未来作出预见性判断，又要对当下作出发展性部署，其核心在于由国家主导的自上而下的翻译战略与传播行为之间的协调、联动与关策。

（二）对外话语体系的话语表征

对外话语体系下的中国特色话语体系是新时代我国对外话语的依归，它融合与传承了中国思想智慧，是新时代中国扩大对外开放、参与全球治理的载体与表达方式(吴赟，2020)。我国的对外话语体系可以从纵向维度和横向维度两个维度进行分析：从纵向维度即从当下性和历史性的构成角度看，它是国家对当下国际时势、国家价值与意志的陈述，是国家的历史演进与发展传承；从横向维度看，它由社会、政治、经济、文化、外交、军事等多个子体系构成。纵向维度与横向维度交织形成了国家对外话语体系研究的基本框架，而话语主体、内容、受众、语境、动机、方式、效果、方式等八个要素构成了国家对外话语体系的内在生成与运行逻辑模式，驱动了国家治理乃至全球治理的思想流变和实践探索，促进了国家软实力的发展和国家形象的提升（吴赟，2020）。对外话语传播以外宣翻译为引擎，是从“对外宣传”到“国际传播”再到“全球传播”逐步升级的。

五、对外话语体系的构建

习近平总书记在党的二十大报告中提出：“从现在起，中国共产党的中心任务就是团结带领全国各族人民全面建成社会主义现代化强国、实现第二个百年奋斗目标，以中国式现代化全面推进中华民族伟大复兴。”（习近平，2022a）中国式现代化是中国共产党领导人民长期探索和实践的重大成果、是中国共产党领导的社会主义现代化、是强国建设、民族复兴的康庄大道，它创造了人类文明新形态。推进中国式现代化是一个长期任务，还有许多东西需要我们深化认识。走好中国式现代化的新道路需要建构中国对外话语体系，因为中国对外话语体系构建与中国式现代化的新道路建设是相辅相成的，属于一体两面的并列式前进模式。构建具有中国特色的对外话语体系，对提升中国在国际舞台上的国际话语权、传播好中国声音、树立良好的国际形象具有重大的战略意义。

（一）从国家到地方层面上的高度重视

在国家层面上，2013 年 12 月，习近平总书记在中共中央政治局第十二次集体学习时强调，提高国家文化软实力，要努力提高国际话语权，加强国际传播能力建设，精心构建对外话语体系，发挥好新兴媒体作用，增强对外话语的创造力、感召力、公信力，讲好中国故事，传播好中国声音，阐释好中国特色（习近平，2014）。2016 年 10 月，党的十八届六中全会第一次全体会议上关于中央政治局工作的报告中强调，要加强对外话语体系建设，积极传播中国声音（中共中央文献室，2017）。2021 年 6 月，习近平总书记在主持中共中央政治局第三十次集体学习时发表过重要讲话，指出要构建对外话语体系（习近平，2022b）。此外，2010 年 3 月，中国颁布《应对气候变化领域对外合作管理暂行办法》，进一步规范和促进了气候变化国际合作。中国国际扶贫中心、联合国粮食及农业组织、联合国国际农业发展基金、联合国世界粮食计划署和中国互联网新闻中心联合主办了 2023 全球减贫伙伴研讨会，“中国减贫方案”被纳入联合国2030年可持续发展议程。

在地方层面上，各省市政府、机构、高等院校等高度重视具有中国特色的对外话语体系的构建，结合自身特色制定了相关政策，并通过实践努力讲好中国故事、传播好中国声音。例如，成都市人民政府发布《成都市绿色低碳发展报告(2023)》，提升了国际学术话语权；云南通过“茶马古道”“非遗文化”等IP，打造“七彩云南”的国际形象；杭州设立“国际传播实训基地”，模拟国际舆论场景进行演练；等等。

（二）构建对外话语体系的原则

对外话语体系要能够振兴中国经济发展、增强对外话语自信、捍卫国家主权、紧扣新时代主题、捍卫人民利益、体现国家价值、强化国家意识、融通中外、表明国家主张等。构建对外话语体系需要综合国内外环境、文化差异及传播目标，形成系统性、科学性和适应性兼具的框架。因此，具体需要遵循以下原则。

第一，目标导向与问题导向的统一。一方面，要以实现国家战略目标为核心，确保话语体系服务于国家利益与国际责任；另一方面，针对国际社会对中国的误解与偏见，通过话语体系解构西方话语霸权，重建中国的国际形象。第二，立足国内与国际视野的统一。一方面，要扎根于中国的实际情况，提炼具有中国特色的概念，形成具有自主性的话语体系；另一方面，要对接国际社会普遍关注的问题，通过话语创新提供中国方案，增强国际话语权。第三，全面规划与突出重点的统一。一方面，要构建涵盖政治、经济、文化、安全等多领域的对外话语体系，形成立体化传播网络；另一方面，要聚焦关键议题，打造具有国际影响力的标志性话语品牌，形成差异化竞争优势。第四，战略性与操作性的统一。一方面，要从国家战略高度设计话语体系，服务于中华民族伟大复兴与人类命运共同体的构建；另一方面，要制定具体的实施路径，如通过学术出版、媒体传播、国际会议等多渠道落地，确保对外话语体系可执行、可评估。第五，传统与现代的统一。一方面，要从中华优秀传统文化中汲取智慧，如“义利观”可阐释“物质文明与精神文明相协调”的现代化内涵；另一方面，要结合现代传播技术，如社交媒体、大数据，创新话语表达形式，提升传播效能。第六，理论与实践的统一。一方面，要以马克思主义理论为指导，构建具有中国特色的对外话语体系；另一方面，要通过中国发展的成就，如脱贫攻坚、科技创新，验证对外话语体系的科学性，增强说服力。第七，民族性与世界性的统一。一方面，要坚持文化自信，展现中国立场与中国气派；另一方面，要把握国际受众的思维习惯，运用国际化的表达方式，实现话语的全球传播，促进文明交流互鉴。第八，继承与创新的结合。一方面，要传承中国共产党对外交往的优良传统，如和平共处五项原则；另一方面，要根据时代发展的需求，提出新概念、新范畴、新表述，如“全球文明倡议”。

上述原则共同指向一个目标：构建融通中外的对外话语体系，使其既能够清晰阐释中国道路、中国理论、中国制度，又能够被国际社会广泛接受，为全球治理贡献中国智慧。通过坚持这些原则，中国的对外话语体系将更具科学性、系统性和适应性，为提升国家文化软实力、塑造良好的国际形象提供坚实支撑。

（三）构建对外话语体系的现实依据

中国的对外话语体系不仅包含了中国向外部世界阐述的中国特色社会主义思想理论体系，而且涵盖了用中国思维阐述外部世界的知识体系（何娟，2021）。对外话语体系能够反映国家的意志和决心，系统地向西方世界表述我国的外交思想与理论体系。构建对外话语体系的现实依据主要有以下四点。

首先，中国积极地参与全球治理体系改革，在国际事务中的影响力日益扩大，需要构建更加系统、全面的对外话语体系，以更好地阐释中国理念、中国方案。其次，中国电影、电视剧、网络文学等文化产品在国际市场上的影响力不断扩大，为传播中华文化提供了重要载体，需要构建对外话语体系以增强中华文化的国际吸引力。再次，西方主流媒体长期占据国际舆论主导地位，传播西方价值观和意识形态，中国需要构建自主可控的对外话语体系，塑造良好的国家形象。最后，如今的国际力量对比更趋均衡，单一国家主导国际事务的局面逐渐改变，需要构建更加包容、多元的对外话语体系以反映新的国际现实。

构建对外话语体系是应对国际形势变化、提升中国国际话语权的必然要求。中国应立足自身发展成就和国际责任，顺应国际舆论环境的变化，加强文化软实力建设，不断丰富对外话语体系内涵，创新话语表达方式，为推动构建人类命运共同体作出更大贡献。

（四）保持对外话语体系内容的平衡性和立体性

对外话语体系是国家在国际舞台上表达立场、传递价值观、塑造形象的重要工具，保持其内容的平衡性和立体性，能够增强话语的感染力、说服力和公信力，提升国家软实力和国际影响力。

平衡性要求对外话语体系的内容在国家利益与国际责任、文化自信与开放包容、政策宣传与人文关怀、历史叙事与现实价值等方面实现动态平衡。立体性要求对外话语体系实现多维度视角、多层次表达、多渠道传播、多主体参与等。对外话语体系的内容不仅涉及国家政府机关的政策解读和宏观层面的叙事，还涉及地方政府有关具体问题的论述；不仅有重要理论与思想的深层表述，还有具体的事实描述与数据展示。因此，对外话语体系在内容表达上既要讲出中国的对外政策与利益诉求，又要落实与其他国家共同的理念与协同发展的实际；既要有官方话语、政策语言的权威表述，也要有学术语言、生活语言的学理讨论和生动表述（孙敬鑫，2019）。在不同的国外受众看来，对外话语体系不仅有英语这门通用语言的对外话语体系，还有非通用语言的对外话语体系。

保持对外话语体系内容的平衡性和立体性，需以“中国立场、国际表达”为原则，在尊重差异中寻求共识，在多元叙事中传递价值。唯有如此，才能打破西方话语垄断，构建具有中国特色的国际传播体系，为人类文明进步贡献中国智慧。

（五）对外话语体系的生产与传播的有效对接

对外话语体系的生产与传播是提升国家软实力、塑造国际形象的关键环节。有效对接两者，需从内容生产、传播渠道、用户需求、反馈机制等多维度协同发力，形成“生产—传播—反馈—优化”的闭环。对外话语体系的生产与传播需以“用户思维”为导向，通过精准定位、分层传播、精细服务，实现内容与渠道的深度融合。例如，针对政策受众，可结合其研究领域，推送专业解读。习近平总书记强调：“要加强国际传播能力建设，精心构建对外话语体系，发挥好新兴媒体作用”（习近平，2014）。在通过翻译架起沟通的桥梁之后，为了提高传播的频率和效率，可以依托CGTN、新华社等传统媒体平台，TikTok、Instagram等新兴媒体平台以及电影、游戏、音乐等流行文化载体。通过对外话语体系的生产与传播的有效对接，使对外话语内容既符合国家立场，又贴近国际受众需求，从而提升传播效果，增强国际社会对中国的理解和认同。

（六）服务多领域的对外话语体系构建

中国的对外话语体系服务于众多领域，包括外交、政治、经济、文化和军事等五大话语领域，具体涉及国家形象建构与维护、传播资源的推广、跨语际与跨文化的沟通等，如政府机构、城市建设、公示语推介、旅游景点等。对外话语体系的构建需以“资政启民”为宗旨（吴赟，2020）。服务多领域的对外话语体系构建，需要针对各个领域的对外话语表达，分析对外话语表达中的问题及其衍生影响，不断调整对外话语体系具体实践的资政方案。例如，在科技领域，可通过“嫦娥五号月球采样返回”案例，结合多语种纪录片、社交媒体互动、国际合作论坛等形式，全方位展现中国科技实力与开放合作的姿态。

（七）加强中国话语思想的现代转化

加强中国话语思想的现代转化是指要在充分理解中国传统文化思想的基础上，建设世界各国认同的中国特色话语体系。在对外交往的过程中，需要去除不适应新时代话语要求的观念，保留合理的部分，并在此基础上推陈出新，建设一个符合当代认知的、具有普遍解释力的中国特色话语体系。对中国优秀的传统文化、外交策略、传播方式进行新的解读，使其获得新生或复活。然而，建设具有中国特色的对外话语体系光满足这些条件是远远不够的，不能仅仅使用现当代的话语研究理论进行阐释，还必须深入挖掘中国传统文化思想，找独特而又具普遍价值的话语资源，形成独特的话语方式，构建独特的中国话语体系（朱健平 等，2021）。

（八）厘清西方话语与中国传统话语之间的关系

西方话语与中国传统话语是两种根植于不同文明体系的知识与表达系统。西方话语与中国传统话语的关系是复杂且多维的，既存在对立与冲突，也包含融合与互鉴，本质是不同文明形态的对话与博弈。西方话语与中国传统话语在价值内核、思维模式、实践路径上存在显著差异，但全球化进程和文明对话的需求又促使二者不断互动与融合。厘清西方话语与中国传统话语之间的关系是构建具有中国特色的对外话语体系的重要任务。将西方话语与中国传统话语的关系等同于普遍性与特殊性、共性与个性之间的关系，脱离了话语研究关系认识论的观点。中国需在坚持文化主体性的同时，以开放包容姿态参与全球治理，通过“批判—转化—创新”三步走，构建具有中国特色的国际话语体系，展现中国特有的优秀传统文化内涵，向世界解释中国的对外发展进程，传播中国积极建设人类命运共同体的正面形象。

（九）加强国外受众对中国国情的了解

面对不同语言文化背景的国外受众，中国的对外话语体系传播效果不仅取决于话语表达的艺术还取决于话语的质量。要想让国外受众更好地了解中国国情、认识中国，需从内容创新、渠道拓展、叙事策略和技术赋能等方面入手，打破刻板印象、讲好中国故事，加强与外国媒体的交流与合作，构建“精准传播—情感共鸣—文化认同”的传播链条。通过“小切口、大主题”“软叙事、硬道理”“新形式、深内涵”的传播策略，让国外受众了解具有中国特色的对外话语体系产生的文化背景以及话语中逻辑的生成过程，打破信息茧房，塑造真实、立体、全面的中国形象。

（十）建立具有中国特色的话语自信

新时代以来，在习近平总书记的正确领导下，我国建立起中国式现代化道路，与国际社会交往频繁，彰显了中国在国际事务中的话语权。具有中国特色的话语自信，源于对国家文化、制度、道路的深刻认同与有效传播，其核心在于构建自主话语体系、创新叙事方式、强化传播效能。建立具有中国特色的话语自信，需要以理论自信为内核、以话语创新为载体、以传播效能为关键、以实践验证为支撑，是向国外受众传播中国对外话语体系的基础，是围绕中国的政治制度、经济模式、文化现状、社会治理和生态文明建设等内容开展的全方位、多角度、深层次的话语探索（武豹 等，2023）。

第二节　对外话语译介

对外话语不同于一般话语实践，涉及不同语言相互转换、跨文化交际等问题。如何在对外交流的过程中消除与不同文化间存在的隔阂、突破语言障碍，是我国对外话语译介需要探讨的主要问题。

一、对外话语译介的内涵

对外话语译介是将特定文化语境中的概念、价值观、政策主张等转化为目的语的过程，需要兼顾语义精准性、文化适配性与传播有效性。其核心在于通过精准的翻译策略、创新的技术手段与多元的传播渠道，实现“中国声音”的全球化表达，推动中华文化与现代理念的有效传播。因此，对外话语译介不仅是语言转换，更是文化对话与价值传递。

（一）对外话语译介的内容

对外话语译介是推动中国理念、文化、政策等跨越语言文化边界、融入国际话语体系的关键实践，其内容构建需兼顾国家战略需求与国外受众认知的特点，主要包括政治理念与政策主张、经济发展模式、历史文化与价值观念、科技与社会民生等。对外话语译介内容需以国家战略为内核、以国外受众为支点、以全球治理为外延。未来，中国需进一步强化译介内容的“技术含量”（AI 翻译、大数据分析）、“文化含量”（非遗数字化、国潮出海）、“思想含量”（新型全球化理论、文明互鉴范式），以话语创新引领国际传播格局变革。

（二）对外话语译介的原则

对外话语译介主要遵循五个原则。第一，忠实准确原则。首先,确保译文在词汇、语法层面与原文语义完全对应,避免因语言差异导致概念的偏差。其次,对涉及典故、成语等的文化负载词,需要采用“归化+异化”策略,根据语境灵活选择。最后,针对政治、经济、科技等领域的术语,需要建立标准化词库,避免因译法差异导致国外受众认知混乱。第二,受众导向原则。首先,根据目标受众的学科背景、语言能力分层设计译文,如面向学者可保留学术性表述,面向大众则需简化表述。其次,社交媒体译文需要尽量口语化、短句化,学术报告则需要保证严谨性。最后,规避可能引发负面联想的表述。第三,跨文化适配原则。一方面,需要将中国的价值观转化为国际通用表述,通过普世价值词实现文化共鸣。另一方面,对具有中国特色的隐喻进行本土化改写,在保留本土文化特色的同时又要符合外语的语言表达习惯。第四,动态发展原则。一方面,要及时反映中国最新发展阶段的特征。另一方面,可以主动对接国际议程,增强国际对话能力。第五,协同创新原则。首先,可以建立“译者+领域专家+传播专家”团队,对政策文本进行预审。其次,可以构建“国际受众反馈—传播效果分析—译文优化迭代”的闭环。最后,可以运用 AI 辅助翻译提升效率,但同时也需要人工审核关键表述,避免技术偏差。

二、对外话语译介与传播策略

对外话语译介是将中国理念、政策、文化等内容翻译并传播到国际社会的过程，精准有效的翻译有助于提升国家形象、促进国际交流合作。2013 年 8 月 19 日，习近平总书记在全国宣传思想工作会议上指出："要精心做好对外宣传工作，创新对外宣传方式，着力打造融通中外的新概念新范畴新表述，讲好中国故事，传播好中国声音。"(习近平，2020)对外话语的传播是建构国家形象、推动文化交流和参与全球治理的关键环节，其传播效果直接影响国际社会对中国的认知与态度。对外话语的传播需要传播能力和传播效果的有机统一。传播能力更强调传播主体充分利用各种手段，找准和国际社会关注点相通的具体问题进行主动建构，充分利用各种手段与方式提升话语体系受众的接受能力。

中国对外话语的译介与传播需要在国际语境下结合中国国情进行全局性探索，从话语体系的内在意义逻辑变化和外在舆论环境转变出发进行研究(顾忆青 等，2021)。基于对外话语体系的灵活变通，需要遵循弃形式而重内容的建构原则，立足当下、面向未来，进而提升对外话语的传播效果。中国特色对外话语体系离不开有效的传播，需要采取多渠道、多样化的策略提升对外传播能力。

（一）深入建构中国特色哲学社会科学学科体系、学术体系、话语体系的传播策略

党的十八大以来，习近平总书记多次提出要构建中国特色哲学社会科学学科体系、学术体系、话语体系，并指出加快构建中国特色哲学社会科学，归根结底是建构中国自主的知识体系。因此，要始终在习近平总书记的领导下，不断学习总书记的讲话精神，做好中国特色对外话语体系的对外翻译与传播。下面是习近平总书记的三次重要文字语录。

要按照立足中国、借鉴国外，挖掘历史、把握当代，关怀人类、面向未来的思路，着力构建中国特色哲学社会科学，在指导思想、学科体系、学术体系、话语体系等方面充分体现中国特色、中国风格、中国气派。

——2016年5月17日，习近平在哲学社会科学工作座谈会上的讲话（习近平，2017）

希望中国社会科学院的同志们和广大哲学社会科学工作者，紧紧围绕坚持和发展中国特色社会主义，坚持马克思主义指导地位，贯彻“百花齐放、百家争鸣”方针，坚持为人民做学问理念，以研究我国改革发展稳定重大理论和实践问题为主攻方向，立时代潮头，通古今变化，发思想先声，繁荣中国学术，发展中国理论，传播中国思想，

努力为发展二十一世纪马克思主义、当代中国马克思主义，构建中国特色哲学社会科学学科体系、学术体系、话语体系，增强我国哲学社会科学国际影响力作出新的更大的贡献！

——2017年5月17日，习近平致中国社会科学院建院40周年的贺信（中共中央文献研究室，2017）

加快构建中国特色哲学社会科学，归根结底是建构中国自主的知识体系。要以中国为观照、以时代为观照，立足中国实际，解决中国问题，不断推动中华优秀传统文化创造性转化、创新性发展，不断推进知识创新、理论创新、方法创新，使中国特色哲学社会科学真正屹立于世界学术之林。

——2022年4月25日，习近平在中国人民大学考察时的讲话（艾四林 等，2023）

认真学习习近平总书记的讲话精神，打好对外话语体系译介与传播的基础，增强对外传播的意识，扩大对外宣传的范围，全方位展示与践行中国特色哲学社会科学学科体系、学术体系、话语体系。

（二）展示过去与现在、彰显中国特色的传播策略

在传播对外话语时，可以用比较的方式全方位地展示过去与现在中国的发展历程，彰显中国特色。习近平

总书记提出的“一带一路”沿线国家建设与人类命运共同体建设等，给许多国家带来了新发展、给世界带来了新变化，促进了世界各国的和谐共存。对外话语的传播可以结合中国悠久的历史文化与新时代的发展，体现中国与世界各国的合作共荣，拉近中国与世界各国之间的距离，增强不同国家间的互信与认同。

（三）讲好中国故事的传播策略

讲好中国故事是对外话语传播的关键，其本质是搭建“跨文化的桥梁”，将中国道路、中国智慧、中国价值转化为国外受众可感知、可理解、可认同的叙事体系。谁来讲、讲什么、如何讲、讲给谁等是讲好中国故事的重点。中国在国际舞台上与其他国家之间的政治、经济、文化、学术等的交流与对话过程中，都可以通过对外话语展示中国形象、传播中国声音。通过讲好中国的拼搏故事、团结故事、抗疫故事、创新故事、扶贫故事、发展故事等，获得民族认同、政治认同、国家认同、国际认同，让世界真正读懂一个“可信、可爱、可敬”的中国。

（四）发挥多主体的传播策略

多主体的传播策略是指发挥政府、企业、学者、普通民众等多主体在中国当代外交话语核心概念对外传播过程中的作用的策略（胡开宝 等，2021）。首先，政府起到主导与引领的作用，可以从宏观层面制订外交话语传播的战略规划，明确传播目标、重点和方向。其次，企业可以通过打造具有国际影响力的品牌，提升中国产品和服务的国际知名度，在品牌传播中传递中国的价值观和外交话语。再次，中国的学者可以通过参加国际学术会议、发表学术论文、开展国际合作研究等方式，在国际学术界传播中国外交话语的核心概念以及中国外交政策的理论依据和实践经验，提升中国外交话语的学术影响力。最后，普通民众可以利用社交媒体平台，分享自己的真实体验和生动故事，拉近中国人民与世界各国人民的距离，消除误解和偏见，为对外话语传播营造良好的民间舆论氛围。无论从传播内容还是从传播方式来看，各主体通过差异化定位、专业化分工、互补性协作，共同推动中国对外话语、文化符号和价值理念的传播。

（五）确立不同基调的传播策略

对外话语传播受到所处时代背景的影响，其基本主题与脉络在历史的演变过程中呈现出不同的翻译基调和侧重点。在翻译不同的对外话语时，译者需要剖析不同历史阶段的语言变化特征、寻找不同历史阶段内在和外在的传播基调，思考译文如何才能体现中国的对外话语理念、对外话语内涵以及对外话语特征，掌握不同历史时期译介语言本体和语言形式的动因与差异，进而在翻译对外话语的过程中选用不同的词语搭配、语法结构与多模态修辞。

（六）打造立体式的传播策略

立体式的传播策略是指只要想得到相关信息，无论通过哪种媒体，都可以轻易得到，甚至得到远远超过想象的海量信息，是采用多形式和多方式向国外受众传播中国当代外交话语核心概念，以实现国外受众全覆盖的策略（胡开宝 等，2021）。对外话语翻译传播的渠道、平台、方式随着历史时期的变化而变化，通过报纸、杂志、广播电视和网络媒体等不同渠道对外宣传中国，在议题设置、框架结构与语言表述上呈现不同的变化。基于此，可以把立体式的传播分为三大类：一是静态传播，指通过图画（画册）、文字、照片等形式将信息呈现在报纸、宣传册、广告牌、黑板报、网页（互联网）和附属于产品的说明或商标上等；二是动态传播，指通过电视广告、视频、收音机（声音）、抖音、音频等进行传播；三是静动态混合传播，指混合使用上述多种方式进行传播。

中国对外话语体系的立体式传播力求能够通过多种渠道深入地、全面地、生动地向国际社会宣传中国外交话语的核心概念及其蕴含的思想和理念。中国对外出版的文本翻译、领导人讲话、企业介绍、景点宣传、国际学术会议等对外话语，可以通过政府文件发表、出版发行、活动报道、书刊、报纸、广播、电视、电影、讲演、新闻媒体等传播方式，围绕“一带一路”和人类命运共同体等外交话语核心概念的相关举措，结合国外普通民众的民间话语传播形式，采用国外受众能够理解、乐于接受的语言进行传播。通过系统地介绍中国的外交思想、对外话语表达模式、译介目的，把学术语言转化为国外的民间话语并将专业术语转化为言简意赅的生活话语，进而向国外受众宣传当代中国的对外话语内容。

第三节　外宣翻译中的对外话语体系

对外宣传中话语体系的构建，有助于我国树立良好的大国形象，可以有效增强中国人民的文化自信，加深国家与国家之间的信任，向世界传递中国智慧。西方一些国家凭借其经济霸权的优势，占据着国际话语权的有利地位，在世界范围内自居政治特权、谋取经济利益。我国想要提高对外宣传中的话语权，就需要做好外宣翻译工作来传播好中国声音，构建外宣翻译中的对外话语体系，让世界了解中国、认识中国。

一、外宣翻译中的对外话语体系概述

伴随着中国国际地位的变化，外宣翻译呈现出新特点、新模式，构建全新的对外话语体系是服务党和国家大政方针的重要举措。在构建外宣翻译中的对外话语体系时，要把中国的政治话语体系摆在重要位置。因此，外宣翻译中政治话语的表述对于加强我国对外话语体系建设意义重大。

外宣翻译中的对外话语体系是助力中国参与全球治理的重要载体，直接为国家的发展提供服务。中国的部分理念不同于西方，不能一味沿用西方的对外话语体系，需要形成具有中国特色的对外话语体系。因此，在进行外宣翻译时，译者首先要对中国的政治话语体系要有一个深刻的、全面的理解，只有先把中文的意义弄清楚，结合语境使用恰当的翻译方法，才能输出准确、没有歧义又能充分表达中文意义的外宣译文。

外宣翻译中的对外话语体系是国家文化软实力建设的重要组成部分。习近平总书记在主持十八届中共中央政治局第十二次集体学习时指出，要“发挥好新兴媒体作用，增强对外话语的创造力、感召力、公信力，讲好中国故事，传播好中国声音，阐释好中国特色”（习近平，2014）。通过对外宣翻译中的对外话语体系的构建，传播中华优秀的传统文化、社会主义核心价值观，不断增强民族自信，树立良好的国家形象。

二、外宣翻译中的对外话语体系建构

福柯(1980)对话语进行了系统的研究，他认为主体性是话语研究中的一个重要概念，主体由话语建构，即社会主体的身份、地位、意识形态等，都是话语建构和话语实践的产物。在福柯有关话语的论述中，有一个重要的概念是话语的主体性，主体的身份往往是经由话语建构起来的。福柯的话语理论与建构主义认识论密切相关，话语建构论不仅和哲学中的建构主义认识论相关，而且与社会学中的社会建构论密切相关(梁凯音 等，2020)。在建构这种话语的过程中，存在着各种话语，且各种话语之间的关系并不是静态不变的，而是受制于复杂的权力关系。话语的这种意义、主体性以及生产过程为文化和语言行为的产生提供了可能(Pennycook，2007)。

具有中国特色的对外话语是新时代社会、政治、经济发展的产物，中国特色是对外话语的时代标志。首先，具有中国特色的对外话语在内容上以中国优秀传统文化为根基，彰显中国自信、传播中国声音、确立中国立场。其次，中国的对外话语体系构建是全球化的体现，在形式上以对外传播为目的，结合国外受众的阅读心理与理解能力,实现最佳对外话语传播的效果。中国对外话语体系的内容涵盖我国的政治立场、外交政策、社会习俗、价值取向、文化传统和语言习惯等内容,向国外受众呈现了一个立体的、真实的中国,方便他们准确地认识、了解中国。

（一）外宣翻译中的对外话语体系建构面临的问题

对外话语体系是一个国家、民族在长期对外交流实践中逐步形成的、国际社会普遍认可和接受的话语表达(王晓辉 等,2022)。随着全球化的纵深发展,各国政治、经济、文化的话语传播彼此影响,世界各个国家都有各自的话语体系。而在当今的国际局势下,为了让世界各国准确地了解中国,中国的国际话语权还有待提升。目前,从整个国际格局来看,占据话语权主导地位的仍然是发达国家。因此,国际社会仍然按照以美国为首的发达国家的标准按照自己的主张、行动逻辑、话语体系制定国际社会中的规则、制度、方案、程序等,目的是服务于发达国家,忽略了其他国家的主权利益。

中国作为联合国安理会常任理事国,在参与世界事务管理的过程中,在行为逻辑与话语表达方式上也会与西方话语体系产生冲突。甚至有的时候,一些国家为了维护自身的主张与话语体系,可能阻止中国表达自己的观点,或者设置陷阱,以压制中国为维护世界和平而做的努力。以发达国家为主导的西方话语体系的目的是维护发达国家的世界主导论，这个论断阻碍了中国对外话语体系的传播。习近平总书记在党的新闻舆论工作座谈会上指出："我们在国际上有时还处于有理说不出、说了传不开的境地，存在着信息流进流出的'逆差'、中国真实形象和西方主观印象的'反差'、软实力和硬实力的'落差'。"（中共中央文献研究室，2017）因此，提升中国的对外话语权还有很长的路要走。

目前，中国的综合国力和文化软实力还有待提升，与西方发达国家相比差距仍然较大。文化软实力的提升需要不断加强中国的经济实力、军事实力、科技实力等综合国力，只有全面提升中国的综合国力和文化软实力才能增强世界各国对中国对外话语体系的接受能力。

（二）外宣翻译中的对外话语体系建构思路

中国在政治、经济、文化、外交、航天、军事等多个领域的对外宣传翻译，是确立中国话语自信、提升对外传播实践能力的关键所在。在传播中国声音、中国道路、中国制度、中国外交等的过程中，可以通过建立对外宣传与对外传播的主导权、创新对外话语体系等，打造外宣翻译中中国的宏观形象。外宣翻译中的对外话语翻译需要考虑话语内容、话语对象、话语平台、话语施行者所处的语境、翻译的过程等因素，译后需要考量话语反馈等相关信息。基于此，在构建外宣翻译中的对外话语体系时可以参考以下思路。

第一，明确对外话语发出的主体（话语的施行者）是谁，一般包括主权国家行为主体、非国家行为主体，如国际公司、跨国机构、社会团体组织等。第二，话语的表达形式既可以是语言的，也可以是非语言的。第三，话语的内容与国家的文化软实力与国际地位密切相关，涉及社会、政治、经济、军事、文化、生活等各个方面，是话语的施行者对自己的主张、态度、立场、观点的阐述。第四，话语对象（话语的听众）既可以是政府间的国际组织，也可以是非政府组织，还可以是民间组织。第五，要让话语的听众通过话语接收到对外宣传的信息，明白话语施行者表达的真正意义。

（三）外宣翻译中的对外话语体系构建原则

外宣翻译中的对外话语体系构建可以遵循以下原则。

1. 构建具有中国特色的对外话语体系

对外宣传话语体系包括政府机构的话语体系、政治性话语体系、外交话语体系、民间话语体系、科学话语体系、学术话语体系、军事话语体系、媒体话语体系等。将具有中国特色的对外话语体系确定为整个对外话语体系的核心位置，加强对这类话语的解读与宣传，以更符合中国实际、更客观准确的话语表达，打破西方话语体系的垄断局面，让世界听到真实、全面、立体的中国声音，提高国际传播的到达率与认同感。

2. 加强对外话语体系的生产与传播之间的有效对接

我国对外话语体系的生产与传播犹如“生产线”的前端制造与后端配送环节，二者紧密相连、缺一不可。有效对接能对外话语体系的生产与传播，可以确保我国的声音精准、及时、有力地被传达；反之，若二者脱节，生产出的优质话语内容可能因传播不畅而“明珠蒙尘”，无法实现应有的国际传播价值。实现对外话语体系的生产与传播之间的有效对接，可以推动中国外交话语走向世界。

3. 打造平衡与立体的对外话语内容

构建对外话语体系，既要体现中国在历史进程中的发展痕迹也要体现新时代中国现实发展的政治、经济、文化脉络，可以分别从理念层面和实践层面打造平衡与立体的对外话语内容。平衡指的是对外话语表达直接使话语接受者产生的接受度与认可度；立体指的是由话语主体、话语内容、话语传播和话语阐释等元素构成的对外话语体系，展现出一个国家的话语权载体，折射话语阐释的发展主张、发展战略、发展道路的理念和思维(佘双好等,2022)。对外话语体系中既要有理论性与思想性的话语表述为进一步的深度研究作好准备,也要有更多具体的事实描述与问题展示;既要有官方性的权威话语与政策的表述,也要有学术方面的研究讨论;既要有英语等通用语言的话语体系,也要有当地非通用语言的话语体系。作为中国外交话语的施行者,要不断打造维护我国主权、凸显国家特色的话语体系,在对外宣传的过程中准确把握话语的可接受度,体现中国的外交原则,使话语内容既有高度、深度、温度,又有话语的"保真"度。

4. 将中国理论转化为对外话语

构建外宣翻译中的对外话语体系,需要将中国理论转化为国际社会听得懂、能认同、愿传播的对外话语。在理论与实践的融合中,不断扩大中国理论在国际的影响地位,提升中国对外话语的地位。同时,将中国理论嵌入国际学术话语体系,通过提出对外话语表达的核心理念和核心表达问题,力求在国际范围内引发更多的思考和学理讨论。在中国对外话语的知识理念、叙事理念以及话语建构上,应该从话语实践到话语理论、从话语理论到话语知识、从话语知识到话语表达的角度,对中国理论进行解释,使中国的对外话语体系实现与世界话语体系的统一与协同。将中国理论转化为对外话语，在一定程度上能够确保中国理论表达的准确性，在共性问题上实现求同存异，保障各国的共同利益。将中国理论融入对外话语体系建设，本质是用中国智慧解决人类问题，用中国话语讲好世界故事。

5. 加快融入世界话语体系

在构建外宣翻译中的对外话语体系时，可以利用英语等世界通用语言使中国话语快速融入世界话语体系。针对中国话语对外表达过程中遭遇的质疑与批评的声音，应当秉持理性、客观的态度加以甄别区分。对于无端指责、恶意抹黑类话语，需亮明立场、表明态度，清晰阐释中国在相关国际问题上的原则立场、价值取向与务实行动，以正视听，避免落入别有用心者预设的话语陷阱。在与世界其他话语体系交流与合作的过程中，需充分理解其现实诉求与实践路径，尽力实现与不同话语体系在解决全球性问题上的行动默契与情感共鸣，为构建公平正义的国际秩序贡献力量。

三、外宣翻译中的对外话语翻译方法

经济全球化背景下的外宣翻译，基于中国特色对外话语体系，既涉及外语能力、话语内容、叙事风格等多种元素，也涉及话语主体、国际传播等多种渠道。在建设过程中，外宣翻译的目的决定了外宣翻译的策略选择。外宣翻译与其他类型的翻译有一定的共性，也在翻译方法上有不同的个性特征与翻译原则，可以遵循传统的翻译方法，借鉴西方翻译理论家的前期翻译理论和观点，如德国翻译理论家汉斯·弗米尔(Hans Vermeer)提出的目的论、美国语言学家奈达提出的“功能对等”理论、美国哲学家查尔斯·桑德斯·皮尔斯(Charles Sanders Peirce)提出的符号学、意大利符号研究学者安伯托·艾柯(Umberto Eco)提出的“可视交往”理论等。下面介绍各种外宣翻译的对外话语翻译方法。

（一）直译的翻译方法

直译是既保持原文内容、又保持原文形式的翻译方法，即在进行外宣翻译时，保证译文的语言或目的语与原文的语言或源语用相同的表达形式既呈现同样的内容又产生同样的效果，从而准确地传文达意。《习近平治国理政》英文版中有一些涉及中国古代典籍的翻译例子非常值得我们借鉴，例如，出自《管子·牧民》的文化用典语句：“政之所兴在顺民心，政之所废在逆民心。”(习近平，2014)这句话的意思是：政令之所以能兴盛，在于顺应民心；政令之所以废弛，则因为违逆民心。其译文为：Decrees may be followed if they are in accordance with the aspirations of the people; they may be ineffective if they are against the aspirations of the people. (Xi,2014)译文采用了直译的翻译方法,从词汇的选择、句子的结构安排等方面都采用了直译的翻译方法。这个语句表达了民心的顺逆与政令兴废之间的关系,译文中的decrees指的是“政令”,原句中“兴”“废”则用may be followed(执行)与may be ineffective(无效、不执行)来直译其含义,“(民心的)顺”与“(民心的)逆”则用(they are)in accordance with和(they are)against。

(二)意译的翻译方法

意译,也称为自由翻译,它是只保留原文内容、不保持原文形式的翻译方法,即在进行外宣翻译时译文的语言或目的语与原文的语言或源语可以用不同的表达形式表达相同的内容。同样从《习近平治国理政》英文版中的外宣翻译例子来看,例如,《礼记·礼运》中的用典名句:“老吾老以及人之老,幼吾幼以及人之幼。”(习近平,2017)这句话的意思是:尊敬自己的父兄长辈,也要尊敬别人的父兄长辈;爱护自己的子弟晚辈,也要爱护别人的子弟晚辈。其译文为:Do reverence to the elders in your own family and extend it to those in other families; show loving care to the young in your own family and extend it to those in other families. (Xi,2017)译文基于汉语中特有的语言文化负载词"老吾老"蕴含的深刻寓意,根据英语语言的表达习惯,采用了意译的翻译方法,将具有中国特色的源语文本译为目的语,译文彰显了外宣翻译中的中国智慧、中国精神、中国方案(顾世民 等,2023)。译文中用 do reverence 表达了对他人的敬爱、孝敬之意,用 show loving care 表达了对孩子的呵护、爱护之意,这个句子在原文的语境中表达了中国共产党党员应该始终坚持爱民、护民的以人民为中心的治国理念与行为规范。

（三）解释性翻译的翻译方法

德国语言学家沃尔弗拉姆·威尔斯(Wolfram Wilss)在 1977 年所著的《翻译学:问题与方法》(*The Science of Translation Problem and Methods*)一书中探讨了补偿在翻译中的重要作用,首次提出了"解释性翻译"这一术语,并将其视为应对文化缺省导致的翻译困难的唯一补偿手段(Wilss,2001)。对于解释性翻译,纽马克(1988)给出了不同的定义:As a last resort, explanation is the translation.(解释就是翻译。)

解释,意指分析阐明;解释性翻译是一种在传达原文内容的同时,通过补充背景信息、文化语境或逻辑关联等额外说明,帮助受众全面理解文本内涵的翻译方法,是对译文所作的必要解释性说明。解释性翻译不同于注释性翻译，解释性翻译是对语言意义和中国特色对外话语的解释与说明，具体体现在翻译时对缺省的文化信息进行适当的文内或文外增补。或者也可以这样定义解释性翻译，它直接将缺失的信息融入译文中，是一种隐性的、不在表面直接显现的填补方法。

进入 21 世纪，"'一带一路'建设""人类命运共同体""人类文明发展""中国式现代化"等具有中国时代发展的特色词语在对外宣传推介时，展现出了中国独特的文化信息。然而，对于处于不同文化和语言背景的国外受众来说，面对这些特色词语有时会出现无法理解和不懂的情况。如果在外宣翻译的目的语中找不出与源语词语意义对等的词语时，就需要根据源语的信息进行详细的解释性翻译，以达到最大程度的等义。在处理这类信息的时候，翻译工作者可以对中国独特的文化"缺省"信息适当地采用解释性翻译的方法进行处理，目的是使国外读者能够真正理解中国的这些特色话语所表达的内涵信息。例如，在对《西游记》中"孙悟空"的人物名字进行翻译时，译者可以通过添加 Monkey King（猴王）而非直译 Sun Wukong（孙悟空）的方式来帮助英语读者理解该人物的角色定位，同时也可以辅以脚注说明其文化象征意义。再如,“三个有利于”可以译为:three favorables (whether it promotes the growth of the productive forces in a socialist society, increases the overall strength of the socialist state and raises the people's living standards)。这个例子的译文在 three favorables 后增加了进一步的解释,及时补充了信息,以便使国外受众更好地了解具体是有利于什么。又如,“九通一平(通水、通电、通热、通气、通下水、通邮、通讯、通闭路电视、通环道路、平整土地)”可以译为:Eight availables and two accessibles: water, electricity, heat, gas, sewage, post, telecommunications, and closed circuit TV are available. You are accessible to the paved roads and leveled ground. 译文的括号中对于哪些是“九通”和什么是“一平”进行了说明,那么在英语的译文中也需要进行具体的阐述,稍有变化的是“九通”和“一平”在数量表达上根据英语的实际语言表达习惯改成了 eight availables 和 two accessibles。

在进行外宣翻译的过程中,面对汉语中的具有中国特色对外话语的隐含(中国人所称的只可意会不可言传的)意思或者一些富有中国特色的文化负载词,适当地添加解释性的话语不失为一种更加准确的、能够传输正确的中国表达的翻译方法,这样能使译文更接近原文所具有的指称意义，传达源语中蕴含的信息，让国外受众更好地了解中国对外宣传的真谛，进而有助于宣传中国特色文化。解释性翻译在源语使用者和国外受众之间搭起了一座沟通的桥梁，跨越了由于不同文化之间造成的差异与鸿沟，让国外受众能更好地理解具有中国特色的对外话语体系。

（四）根据感情色彩翻译的翻译方法

汉语的词汇分为实词、虚词、叹词、拟声词四个大类，具体包括名词、动词、形容词、副词、数词、量词、助词和语气词等。英语的词汇按词性可分成名词、动词、代词、形容词、副词、连词、介词叹词、冠词等。词汇按照感情色彩可分为褒义、贬义和中性。在词汇的翻译过程中，词汇的词性往往不能原封不动地从原文直接译成译文，需要根据目的语的语言习惯进行翻译。对于词汇的感情色彩的翻译一般应严格按照原文的思想与精神进行翻译，不能只根据词汇的词性在原文中随意译出（冯庆华，2010）。也就是说，原文中的褒义词需要翻译成褒义词，原文中的贬义词需要按实际情况翻译，中性词一般还翻译成中性词。

在外宣翻译的过程中需要注意的是，原文措辞的语义特征、原文的表达意图、原文的写作手法与风格、原文描写的人物关系、讲话人话语的语用意图等信息内容。在外宣翻译时，遇到一些有明显褒义特征的词汇，应译出其褒义特征，包括整个句子中与此相关的信息。例如，“交得其道，千里同好，固于胶漆，坚于金石。”（习近平，2017）这句话的意思是：朋友间若是交往有道，即使相隔千里也能同心交好，其友谊比胶漆还牢固，其情谊比金石还坚定。其译文为：A partnership forged with the right approach defies geographical distance; it is thicker than glue and stronger than metal and stone.（Xi，2017）在译文中，“千里同好”译为 the right approach 是褒义特征的体现。再如，He did always advise willingly. 这句话的译文为：他确实总是诲人不倦。原文中的 willingly 是褒义词，又通过上下文挖掘出词语的感情色彩，在翻译时斟酌后译为“诲人不倦”。原文中有中性语义特征的词汇，翻译时在上下文中可翻译为中性词，亦可译为恰当的褒义词或贬义词。例如，“由于党的农业政策，我国千千万万农民走上了致富的道路。”这句话的译文为：Thanks to the policies of the Communist Party of China on agriculture, millions of peasants in China are getting rich. 在此句中，中文的词汇都是中性词，译文也应由中性词汇组成。

（五）等义释义的翻译方法

外宣翻译是两种语言之间意义对外传达的对应转换，信息层面上要维护国家的主权，进行翻译时需要将每一个词义的各个层次中的所有信息，最大限度地传递给对方，做到让目的语读者准确接收源语信息并读懂其中的深层含义。从信息语言传递的角度来看，在进行翻译时，需要把具有中国特色的外宣信息进行等量性和传递性的传达。等量性在数学上指数量间的对等关系，在翻译中指的是对源语信息的“对等”传达，使信息经过翻译后符合目的语的话语表达。传递性指的是翻译过程中源语文本与目的语文本之间的具有中国特色信息的对等交换，在外宣翻译中要准确地、明晰地将信息等值地传译给目的语读者。在词汇、句子、语篇层面上尽量等值地翻译具有中国特色的话语信息。外宣翻译的实质不仅在于词汇、句子、语篇表面所呈现的表面语义，更重要的在于通过具有中国特色的话语中深层信息传递出的中国志气与中国声音。在进行外宣翻译时，从信息等值的层面看，可能会用词典上无法找到的文字翻译出来。因此，翻译工作者需要深入研究这类信息的特色与特点并进行开创性地翻译。

等义释义指的是将中国的对外话语在目的语的译入

语中找出或创造出与译出语的词义对等的词语(洪卫，2012)，如“双赢”译为 win-win 等。外宣翻译的一个重要原则是一定要吃透原文，了解汉语的所指所寓，在准确理解原文内涵的基础上，确保话语的汉语内涵和语言外延的一致表达。例如，“白色污染”这个词汇，如果翻译为 white pollution 并不恰当，一方面是搭配不符合英语的语言表达习惯，另一方面是国外读者不能理解它具体的含义。因此，在进行翻译时，需要遵循英语的语言表达习惯，将其译为 plastic pollution 或 pollution caused by discarded plastic products。翻译跟上面例子类似的词汇时，翻译工作者一定要充分理解原文，准确理解原文所指。译文中有的时候并不能有跟源语同样或类似的表达形式，这就要求翻译工作者不拘泥于原文的表达形式进行翻译，保证源语信息准确传达，如“小康”可以译为 a comfortable level of living。

在进行对外话语翻译时使用等义释义的翻译方法要避免出现译文中词义信息的冗余现象、避免生搬硬套、避免望文生义，需要根据国外受众的思维习惯和接受能力，对源语文本进行适当的加工。以英汉双语为例，英语是分析性思维的语言载体，而汉语是直觉性思维的语言表达；英语的形态丰富，语法呈显性化，而汉语没有明显的形态变化，语法呈隐性化；汉语词汇的词形相对单一，词性有时并不分明，而英语词汇的形式变化多样，词性显而易见。

基于此，在进行外宣翻译时，翻译工作者可以采用不同于传统的翻译方法翻译一些新词、新语，如“人类命运共同体”“文化瑰宝”“中国式现代化”“共同推动人类文明发展进步”“共同倡导弘扬全人类共同价值”等。同时，还要遵循常用的翻译原则，更加强调以国外受众更容易接受的方式清晰、准确地表达具有中国特色的对外话语体系，进而传达话语中实际的内涵与语义。此外，翻译工作者要在符合传统翻译标准的基础上适当创新，抓住外宣文本的特点恰当地翻译，进而达到良好的外宣翻译传播效果。在此翻译理念下，翻译工作者要把握正确的政治立场，拥有宽广的国际视野、丰富的百科知识储备、熟练的双语语言表达能力，进而传递具有中国特色的对外话语信息。同时，翻译工作者还需要再学习翻译理论的基础上不断进行外宣翻译的实践练习，熟悉两种语言所处的文化差异，熟谙具有中国特色的对外话语体系的表达原则与方式，寻求话语所蕴含的信息在意义上的对等。

（六）文化替代的翻译方法

奈达“功能对等”理论下的翻译方法可以解释文化替

代的翻译方法，它们之间蕴含一些共同的意义。文化替代是替换文化的一部分内容而不改变中国特有文化的功能。以英汉两种语言为例，由于语言所处文化背景的差异，导致直译一些词汇或语句让国外受众产生误解，因此应该选用英语中类似的表达来传达原句的文化内涵。这种方法与“功能对等”有着异曲同工的翻译内涵。例如，“‘见善则迁，有过则改’，踏踏实实修好公德、私德……”（习近平，2014）其译文为：“Learning from fine things that may appear and correcting any mistakes that may occur，” one needs to cultivate public and personal virtues...（Xi，2014）。原文中的“见善则迁，有过则改”出自《周易·益》一文，意为：见到好的要学习改进，有了错误要及时改正。此句译文中的 learning from fine things 套用了英语的习语 learn from fine things（见善则学）。从这一句的翻译可以看出，翻译工作者在进行外宣翻译时，应该联系上下文，从语境角度考虑，始终坚持中国声音的国际表达，遇到不同语言之间的文化差异时可以采取文化替代的翻译方法。

（七）语言层面与超语言层面结合的翻译方法

在外宣翻译中具有中国特色的对外话语在语言层面与超语言层面呈现美美与共、和而不同、文明互鉴的愿景。从语言层面来说，翻译工作者需要从词汇、句子、语篇、语用、交际、符号、修辞、语法等角度描写政治话语、外宣话语、中国特色话语等翻译的语言特征和语言规律。从超语言层面来说，翻译工作者重点研究的是政治话语翻译、外宣话语翻译、政治传播话语之间存在的联动关系，强调的是外宣翻译中的国家形象建构、外宣话语体系构建、外宣翻译话语选择等，重点在于如何翻译出超语言层面的政治话语的内涵。

一般而言，对外宣传的话语体系涉及的话语元素众多，翻译工作者需要从语言风格、语言逻辑、语言文化、语言本身的话语定位等方面了解该语言在语言与超语言层面的发展历程、翻译热点、发展态势等内容，尽量在语言风格、语言逻辑、语言文化等方面比较源语与目的语的差异，使译文能够被国外受众理解，进而传达中国特色外宣话语的内涵。以英汉两种语言为例，英语译文应尽量避免汉语中常出现的反复使用同义词或同义短语的现象，尽量使用与汉语原文等同的语言风格，达到功能上的对等，发挥汉语与英语代词的指代作用。根据美国修辞学家、文学理论家肯尼斯·伯克(Kenneth Burke)提出的西方修辞学的“认同”理论，在外宣翻译过程中应建构“认同”的理论体系以帮助外宣翻译工作者实现外宣翻译的目的，将外宣翻译信息的表达性、突出性、简洁性、召唤性以及对外宣传性融会贯通，从而达到向世界传播中国声音、讲述中国故事，使中国的对外话语体系得到国际认同。

同时，对于语言层面与超语言层面的意识形态面向的问题需要翻译工作者予以充分的考虑与分析判断。在外宣翻译的过程中，翻译工作者应该充分认识到意识形态对翻译的操纵作用和影响，既要准确、无误地传达具有中国特色的对外话语，又要顺应国外受众的思维方式和思维习惯；既要完整、准确地传达源语文本的信息，又要达到最佳的读者接受度和翻译效果；既要考虑对外宣传信息的传播效力，又要兼顾文化适配性与跨文化共情力。

四、外宣翻译中的对外话语翻译规范

以色列翻译理论家吉迪恩·图里(Gideon Toury)执教于特拉维夫大学，是描述翻译学派的代表人物。他于1977年发表了著作《翻译规范与希伯来语文学翻译(1930—1945)》(*Normot Shel Tirgum Ve-ha-tirgum Ha-sifruti Le-ivrit Ba-shanim 1930-1945*)，并在这本书里介绍了"翻译规范"这一描述性翻译理论名词。图里(1985)认为，翻译是社会文化行为，分别受到来自绝对的规则和个人风格的制约，规范的建立来自语篇内部和外部两个途径，规范本身并不是显性的，而是隐性的。总体上，图里(2001)将翻译规范分为三个类型，分别是预备规范(preliminary norms)、初始规范(initial norms)和操作规范(operational norms)。首先，图里将预备规范划分为翻译政策和翻译的直接程度两个要素。翻译政策指的是一些影响翻译工作者选择翻译文本的因素，翻译的直接程度指的是在跨文化交际的过程中，文本的翻译是否需要中介语言过渡。其次，初始规范指的是翻译工作者在翻译时的总体态度和倾向：他们是倾向于使用异化翻译方法，还是倾向于使用归化翻译方法。最后，操作规范指的是在微观或宏观层面对翻译策略或方法的选择。图里在理论上为翻译规范建立了一个多元的规范框架，成为翻译规范研究的开拓者。总体上来说，图里继承和发展了詹姆斯·霍姆斯(James Holmes)的描述翻译理论和埃文-佐哈尔(Even-Zohar)的多元系统理论，为翻译规范理论的研究开辟了新的研究视角和研究广度。

除了图里以外，荷兰翻译理论家安德鲁·切斯特曼(Andrew Chesterman)也对翻译规范进行了深入的研究，他把翻译与模因论联系在一起，提出了适用于翻译工作者的翻译规范。此外，他把翻译的过程与专业规范(professional norm)相对应，把翻译的结果与期待规范(expectancy norm)相对应。在对翻译过程中翻译工作者应遵循的专业规范与翻译结果进行讨论后，切斯特曼(1997)认为这两者应属于期待规范。总结来说，切斯特曼的翻译规范就是在翻译过程中，由期待规范为主导，专业规范屈从于期待规范。经过几年的探索与实践，切斯特曼又将专业规范细分为责任规范(accountability norm)、交际规范(communication norm)和关系规范(relation norm)。首先，责任规范指的是翻译工作者对源语文本作者、预期的读者、出版及相关团体和机构的责任，重点在于强调翻译工作者对目的语文本负责。其次，交际规范指翻译工作者在翻译时尽可能地满足目的语读者及其他各方人员的需求和出现的各种情况的需求，关键是准确无误地传达源语文本作者表达的意图。最后，关系规范指的是源语文本和目的语文本之间需要保持在表达上的一致性，但又不能完全对等(胡作友 等，2022)。

在翻译对外话语的过程中，需要通过各种翻译策略与翻译方法对源语文本进行描述，这一过程同样也受到众多翻译规范的制约。外宣翻译是国家软实力输出的核心载体，外宣翻译中的对外话语翻译规范需兼顾政治权威性、文化适配性、传播效能性等，具体体现在以下几个方面。第一，对外话语翻译需严格遵循官方的政治表述，确保主权、领土、历史等核心议题翻译的准确性。第二，对外话语翻译需兼顾文化差异，采用功能对等策略传递核心信息。第三，对外话语翻译需避免冗长复杂的句式，采用国外受众熟悉的语言风格。第四，对外话语翻译工作者需根据传播渠道调整修辞策略。第五，对外话语翻译需与图片、视频等非语言符号协同，确保整体语境的一致。

外宣翻译中的对外话语翻译规范正在由翻译的规定性范畴转向翻译的描述性范畴，其价值不仅在于为翻译活动提供理论性的借鉴与必要的参考，还在于实现国家形象塑造、文化软实力输出、国际话语权争夺等的战略目标。因此，翻译工作者要熟练运用翻译策略与翻译方法，遵循翻译的价值标准，使用翻译规范来约束源语与目的语的翻译内部行为，以客观、真实的表述呈现译文。

五、外宣翻译能力的界定与构成

外宣翻译是通过政治、经济、社会、外交等话语舞台向世界展示中国的一个窗口，影响外宣翻译的一个重要因素是外宣翻译工作者的能力。在传播对外话语的过程中，面对如何界定翻译工作者的外宣翻译能力、翻译工作者的翻译能力如何、外宣翻译能力的构成有哪些等问题，在此作进一步的阐释。

（一）国家语言能力与国家翻译能力概述

提到翻译能力首先要对国家语言能力进行阐述。李宇明（2011）在《提升国家语言能力的若干思考》一文中提出了“国家语言能力”这一概念，他认为国家语言能力指的是一个国家处理世界各国不同类别的各种事务所需的语言能力，这种能力包含不同的语言语种能力、所属国家官方语言在国际事务中的国内外地位、国家公民的语言能力、现代语言技术的掌握能力等五个方面。赵世举（2015）在《全球竞争中的国家语言能力》中提到，国家语言能力是一个国家掌握、利用语言资源，提供语言服务，处理语言问题，发展语言及相关事业等方面能力的总和，是国家实力的重要组成部分。

在国家语言能力的研究基础上，有学者对国家翻译能力进行了研究。任文等（2021）在《国家翻译能力研究：概念、要素、意义》中指出，国家翻译能力是指一个国家制订并实施与翻译相关的规划和政策法规、掌控翻译相关资源、开展翻译实践、提供翻译服务、处理翻译问题、发布翻译产品、提升传播效果，并通过翻译教育与翻译研究、语种人才储备、技术产品研发等手段进一步发展翻译及相关事业等方面能力的总和。胡开宝（2023）在《国家外宣翻译能力：构成、现状与未来》中提到，国家翻译能力有别于公民个体翻译能力，是指国家作为机构在翻译不同文献时整体上呈现的翻译能力，包括国家翻译对外宣传文献或外宣资料的能力，即国家外宣翻译能力。

（二）国家翻译能力视域下的语言能力价值

以国家语言能力为研究对象的国家翻译能力为翻译研究补充和增添了新的学术术语和研究的讨论主题。在专家学者们的相关研究中，国家翻译能力视域下的语言能力价值探索逐渐成为翻译学领域研究的热点。国家翻译能力视域下的语言能力从翻译主体的具身性和实践性来看，翻译工作者的翻译能力不可能脱离翻译的主体内容，翻译实践的译者主体获得翻译能力要看每一个翻译实践的表现能力，这也是衡量译文质量优劣的价值所在。在翻译能力最上层的国家翻译能力，主要关注翻译工作者完成翻译任务的情况，解决翻译问题所需的才干、学识、品性、思维等（蓝红军，2021），要考虑国家作为翻译主体的翻译能力价值。国家翻译能力是国家语言能力的一个组成部分，国家语言能力是进行翻译实践的基础，在具备足够语言能力的基础上进行的翻译实践，具有一定的研究价值，相对于国家翻译的译者行为，成为翻译理论学家、翻译实践操作者、语言能力研究专家等学者的关注重点，这一趋势彰显了国家翻译的价值所在。

（三）国家翻译能力视域下的外宣翻译目标

从国家翻译能力视域来看，国家是翻译主体，国家翻译能力是在国家事务中考察翻译主体的使命任务。在较为复杂的、多元的、动态的系统中，国家翻译能力需从多个视角进行建构。因此，国家翻译能力视域中的外宣翻译更需要在其内部要素之间寻找恰当的翻译策略和翻译方法，创新翻译目标，具体表现在传播国家话语、展示外事活动、讲好中国故事，将国家话语准确地外译，处理好国与国之间的国际体系关系，准确反映中国与他国相互作用的关系，协调国家与社会之间的关系，适时地在国家与国家之间的交往、政府组织间的交往、国际贸易、不同机构组织的对外联络等外宣事务中进行准确的外宣翻译。

（四）国家翻译能力视域下的外宣翻译管理能力

国家翻译能力视域下的外宣翻译管理能力是在进行外宣翻译过程中，运用翻译发展、翻译规划、翻译管理、翻译维护等的宏观能力。从一定意义上来说，国家进行外宣翻译工作直接关系到国家对外宣传的翻译能力建设与国际交往的管理能力。

国家翻译能力视域下的外宣翻译管理指在对外宣传翻译的过程中，制定和指导翻译的外宣定位、确立翻译导向、明晰外宣翻译政策、明确对外宣传翻译指导原则、确定对外翻译基本方针与政策等内容。在外宣翻译管理过程中,翻译工作者应积极遵照国家的外宣翻译管理细则进行对外翻译,明确具体的工作机构,发挥外宣翻译机制的保障作用,具体涉及国家或地方政府部门机构、宏观管理部门和领导机构、直接承担外宣翻译工作的机构等部门制定的各项政策规定。上述机构是从宏观上对外宣翻译工作进行动态或静态的管理,可以有效运用各机构资源,加强和推动不同体裁与类别的对外宣传翻译工作。国家翻译能力视域下的外宣翻译管理在对于一些重大的外宣翻译项目进行组织、实施、管理、调动翻译行业服务于各级各类政府、企事业单位、其他机构等有着极好的推动作用。同时,国家翻译能力视域下的外宣翻译管理在人才的培养等方面发挥了重要的保障作用。

在新时代,制定相应的外宣翻译政策与管理方案是构建融通中外的对外宣传话语体系的重要保障,也是习近平总书记有关对外宣传工作作出重要讲话精神的最好体现。国家多个外事与外宣组织机构等在不同领域在外宣翻译管理方面作了具体工作部署,如中央电视总台、中华人民共和国国务院新闻办公室等定期发布国家政治、经济、科技、文化等方面的政策、方针等,以及中国共产党中央委员会宣传部、中华人民共和国外交部等的对外宣传翻译工作，都从各个不同层面发挥了重要的组织与管理功能。总而言之，中国的对外宣传翻译管理能力有一定的优势，因而构成了中国对外宣传翻译的组织保障与政策保障。

（五）国家翻译能力视域下的外宣翻译传播能力

国家翻译能力视域下的外宣翻译传播能力指的是国家通过大众传播、自媒体、网络媒体等传播媒介或其他机构与组织，把国家对外宣传的文本翻译为国外受众所理解和接受的跨越国界的信息交流与沟通渠道，把中国的本国特色政治、经济、文化、社会、传统、治理方略等信息向全球各国进行传播，实现世界范围内的跨文化沟通与交流，彰显中国的社会发展成就与经济发展模式，讲好中国故事、传播好中国声音、发展好中国经济等的综合能力。

国家翻译能力视域下的外宣翻译可以通过传播的推广力、程度力和影响力等方面表达出来。外宣翻译传播的推广力是在传播实践中通过各种宣传媒介机构、宣传媒介方式、宣传媒介载体的数量、方式、渠道等具体操作的能力，以及在国家的对外宣传传播实践中投入的各种资源，包括投入的费用、使用的设备、从事的人力物力等资源。传播的程度力是在进行对外宣传过程中投入的各级、各类资源的程度，具体表现为投入过多还是投入不足等。传播的影响力是指国家对外宣传达到的效果，具体表现为国家在对外宣传翻译的成果为国外受众接受、理解、运用以及效果产出等的情况，简而言之，就是对外宣传做得怎么样。通常来说，国家的对外宣传翻译传播的影响力主要受到传播内容的接受程度、传播方式的认可度、传播策略的多样性、传播途径的广泛性等因素的影响。这里的传播内容涉及对外宣传产品或作品的思想性和政策性。中国对外宣传翻译传播的受众是世界各国不同民族、不同语言的读者，他们的接受程度受传播内容思想的影响。如果国家对外宣传翻译的传播内容达不到国外受众的审美要求与思想方式，他们就不会接受，甚至排斥与抵触，因此也不能实现对外宣传的宗旨与目的。如果国家对外宣传翻译的传播内容是从全人类的视角出发，反映全人类的共同价值观、共同利益与共同目的，则容易为国外受众所接受。传播形式指的是对外宣传翻译传播的介质，这个介质包括实践形式、物质形式和符号形式：实践形式指是具体的操作方式，如进行传播的媒介是什么、传播的渠道有哪些等；物质形式是指进行传播的单边会议、双边会议、多边会议等具体形式；符号形式是指进行传播的书面形式和口头形式，书面形式有翻译文本，口头形式有口译输出，也涵盖图片资料、影像资料、工具资料等在内的多种媒介形式。传播策略是指对外宣翻译以跨文化传播目标为导向，通过系统性整合语言转换、文化适配、传播渠道及受众互动等要素，将本国信息以受众可理解、可接受的形式精准传递至国际社会，并实现预期的传播效果的方法论体系。

国家翻译能力视域下的外宣翻译传播能力是国家在对外宣传的传播实践中向世界各国展示中国正能量的能力，包括传播信息的覆盖范围、信息的传播速度、信息的传播精度等内容，目的是使对外宣传的信息为外界所接受，进而向世界传达中国声音、中国底气、中国力量、中国智慧。

第六章

语用学视角下辽宁外宣翻译话语体系构建

辽宁外宣翻译的目的是向世界各国介绍辽宁的政策、思想、文化、经济、科学技术以及在国际事务中的立场和观点，增进各国人民对辽宁的了解，消除他们由于意识形态不同而产生的误解或偏见，促进文化的传播，为辽宁的深化改革和经济建设创造良好的国际环境。

语用学视角下的辽宁外宣翻译话语体系构建聚焦语用原则、话语策略、文化适配性及受众反馈，目的是通过准确转换语言形式有效传达对外宣传的思想内容。新时代以来中国特色大国外交积累了宝贵的经验和历史性成就，在此背景下构建辽宁外宣翻译话语体系的原则与方法，讲好新时代的辽宁故事，营造辽宁在国际上的舆论，有助于国家对外宣传工作的开展。

构建具有中国特色的辽宁外宣翻译话语体系，对辽宁话语走出去、更好地展示辽宁的实践成果、让世界了解并认同中国的辽宁、提升国家在国际上的话语权，具有重大意义。辽宁外宣翻译话语体系引入语用学理论和方法，立足中华文化，顺应当今时代的发展，力图在概念、范畴和言说体系的基础上，助力辽宁对外宣传的翻译语言能力建设，推动辽宁对外传播形象与对外宣传翻译实践活动的可持续发展。

第一节　辽宁外宣翻译话语体系概述

辽宁省简称“辽”，取辽河流域永远安宁之意而得其名。作为中国的工业大省，2023 年，辽宁省地区生产总值达到 30 209.4 亿元。辽宁的政治、经济、社会发展离不开对话语体系的对外宣传翻译，在讲好辽宁故事、传播好辽宁声音、提升辽宁形象、向世界展示大美辽宁的过程中，需要构建被国外受众所接受的、完善的辽宁外宣翻译话语体系。

辽宁外宣翻译话语体系与国家外宣翻译话语体系构建在宏观上是一致的，在政府发文、媒体宣传、外事接待等方面的对外宣传过程中都严格按照党中央的部署进行对外宣传。具有中国特色的辽宁外宣翻译话语体系主要有时代性、规范性两个特征。

一、辽宁外宣翻译话语体系的时代性

辽宁外宣翻译话语体系在当下呈现出鲜明的时代性特征，这一体系紧密贴合国家战略需求，借助数字化手段实现创新突破，展现出独特的文化传播使命。对外宣传的传播力决定了辽宁对外形象展示与文化交流的影响力，话语权决定了辽宁在对外事务交往中的主动权。构建辽宁外宣翻译话语体系时要体现出新时代的特点，这样才能更好地讲好辽宁故事、传播好辽宁声音、阐释好辽宁特色。要想让世界认识和了解辽宁，就要打造融通内外的国家与地区的辽宁新概念、辽宁新范畴、辽宁新表述，这是辽宁外宣翻译话语体系构建在新时代的基本内涵和创新操作范式。

二、辽宁外宣翻译话语体系的规范性

辽宁外宣翻译话语体系的规范性是指通过标准化管理、专业化流程及多维度质量保障机制，确保辽宁对外宣传内容在语言转换、文化适配及传播效果上达到统一性、准确性和适应性的系统规范。在外宣翻译的过程中，辽宁话语体系中使用的词汇、语法、句式、风格等都要符合目的语的语言表达习惯。在此基础上，为了使国外受众接受和认可辽宁外宣翻译话语体系的句式、思想、内容等，还需要在翻译过程中规范用语，提高译文的可读性。辽宁外宣翻译话语体系的规范性具体可分为语言风格的规范性、语言叙述的规范性和语言效果的规范性。

（一）语言风格的规范性

辽宁对外宣传话语体系的语言风格受国外受众的意识和接受程度的影响。无论是译前还是译后，翻译工作者都要有意识地根据实际语境对外宣翻译话语的语言风格进行调整，使译文符合目的语受众的阅读习惯和审美标准。语言风格的规范性主要表现在遣词造句和语言行文两个方面。在遣词造句方面，对外宣传翻译文本最基本的语义操作单位是词汇和句子，二者是外宣翻译话语体系的传播内容和传播价值的有效载体。在语言行文方面，行文风格是对外宣传翻译话语体系能够被国外受众所接受的关键所在，用地道、准确的译文把具有辽宁特色的外交辞令传达出来，更容易为国外受众所接受。

（二）语言叙述的规范性

在外宣翻译传播的过程中，对外宣传有效性的前提是语言叙述的规范性。语言叙述的规范性是确保信息逻辑清晰、准确传递、被受众理解的核心准则，涵盖语法、结构、逻辑及表达方式等多维度要求。此外，语言叙述的规范性还需要兼顾准确性、逻辑性、简洁性，并依据受众、场景、目的灵活调整，通过结构化表达、数据量化、术语降维等手段，提升信息传递的效率与可信度。辽宁外宣翻译话语体系中语言叙述的规范性具体体现在行文格式、语言的准确性、辽宁特色产品推广规范等多个领域。因此，在外宣翻译的过程中，既要保证语言中的辽宁特色也要确保语言叙述的规范性，使国外受众更容易理解。

（三）语言效果的规范性

语言效果的规范性旨在通过精准选择表达策略，实现信息传递的高效性、感染力与目标适配性，其核心在于平衡专业深度与受众可理解性。在辽宁外宣翻译话语的传播过程中，向国外受众传达的译文需要传递的是正面信息，需要符合他们的心理预期。因此，对外宣传的相关报道要有针对性，使国外受众能够接纳具有辽宁特色的信息内容和话语表达方式，进而达到预期的语言效果。以 This is Liaoning China——《中国辽宁宣传片》英文版为例，这部宣传片中的第一句话是 The flowing Liaohe River nourishes a magnificent land of 148 000 square kilometers. 这句话的遣词造句规范简洁、行文流畅，在一开始就给国外受众提供了辽宁的地理位置、省域面积等信息内容。此句的句式重心在 nourish 这个词上，该词有“滋养、养育”之意。宣传片配以解说员抑扬顿挫的语调、接近西方媒体人口语的解说，在开篇就吸引了受众的注意。辽宁外宣翻译话语体系的语言效果的规范性是进行外宣翻译话语体系构建的关键所在。

第二节　提升辽宁对外形象传播力的外宣翻译策略

辽宁对外形象传播力的外宣翻译既决定了辽宁对外宣传的成效，又是讲好辽宁故事、传播辽宁声音、提升辽宁形象的重要途径。在充分考虑辽宁对外宣传目的语受众的主观接受程度和特色文化背景下的翻译创新需求的基础上，翻译工作者的主导地位日益凸显。翻译工作者需要在外宣翻译实践中充分认识到外宣翻译在提升辽宁对外形象传播力中的战略地位，采取适时的、恰当的翻译策略。

为了提升辽宁对外形象传播力，需要在对外宣传翻译的过程中优化外宣翻译策略，产出国外受众能够接受和认可的翻译作品，让国外受众最大限度地认同辽宁对外传播的信息，达到良好的传播效果，进而为辽宁树立良好的对外形象。翻译策略是译者选择适当的潜在手段(potential procedures),解决其有意识发现翻译问题的步骤(Scott-Tennent et al., 2000)。因此,本节主要从编译策略、增译策略、减译策略、意译策略、代译策略、"译+释"并举策略、化译策略、四字修辞策略等方面对提升辽宁对外形象传播力的外宣翻译策略进行介绍。

一、编译策略

编译策略是外宣翻译传播中实现信息精准适配与传播效能最大化的系统性方法论,其核心在于通过语言转化、内容重构、媒介适配三者的有机协同,解决文化差异、受众分层、场景限制三大核心矛盾,最终达成信息有效传递、形象立体塑造、价值全球认同的传播目标。编译策略也是外宣翻译经常采用的翻译策略。外宣翻译工作者在使用编译策略时应该集翻译与编辑技能于一身,首先要有较强的外语阅读能力、相关的专业知识以及分析和综合能力,其次要能做到吃透外宣原作的内容、掌握它的要领,最好还要能用目的语忠实而又通顺地将源语再现(林煌天,1997)。中山大学张美芳(2004)认为:"编译这个术语本身隐含了'改变'的意思,即为了适合某些读者(例如儿童)或为了译文的目的,译者在一定程度上改变了原文的内容与形式。"

在使用编译策略翻译具有辽宁特色的外宣话语时，外宣翻译工作者应该在了解对外传播受众对中国语言的认知心理和必要的文化背景知识的基础上，对汉语的字、词、句和语序结构进行分析，灵活处理中国官方词汇与辽宁地方词汇，采用增补、删减、重构、注释、变换等编译方法进行翻译，使译文的结构紧密衔接、层次清晰、逻辑正确、中心信息突出。外宣翻译工作者需要在对内容进行一系列编辑与重构的基础上巧妙地、恰当地传达外宣原文所呈现与传递的信息，其间可以适当改变源语的语序结构，进行归化翻译处理。具有辽宁特色的对外话语在语言结构和文化背景方面都异于西方语言，因此，外宣翻译工作者在翻译过程中要对国外受众的情况仔细斟酌，结合上下文语境进行灵活翻译。

二、增译策略

增译策略在外宣翻译活动中广泛使用，是指根据两种语言不同的语言习惯、表达方式以及思维方式，在进行外宣翻译时在必要的地方增添一个或一些词、短句或句子，从而更为准确地表达出原文中所包含的意义的翻译策略。与“增译”同义的术语有许多，如加译、添词、增词、补偿法、增补法等。在对外话语中，有些信息源语使用者能够心领神会而目的语读者却不知所云。因此，增译的目的是通过在目的语中显性化源语中的隐含信息、文化背景或逻辑关联，解决因文化差异、语境缺失导致的理解障碍。

纵观西方的翻译史，增译策略始于圣·哲罗姆(St. Jerome)对《七十子希腊文本》(*Septuagint*)的翻译，他在译文中进行了增补、删改和修正。在中国，有记载的增译策略最早出现于佛经翻译，东晋十六国时期的后秦僧人鸠摩罗什(中国汉传佛教四大佛经翻译家之一)在翻译佛经时提出了“对于原本，有增有损，求达求雅”(罗新璋等，2009)的观点。国外众多学者对增译及增译相关问题进行了研究，如乔治·斯坦纳(George Steiner)、纽马克、巴尔胡达罗夫、奈达、巴兹尔·哈蒂姆(Basil Hatim)、伊恩·梅森(Ian Mason)等都对增译策略及其相关内容进行了研究与阐述。国内学者如柯平、王恩冕、王大来、夏廷德、许钧、穆雷等也对增译进行了相关的研究，其中，许钧等(2009)将翻译视为“一种改写、增补和‘扬弃’”的手段。

广义上的增译，既包括增词，也包括深度翻译或厚翻译、文化补偿和文化阐释等。从翻译学的角度来说，增译是文本的一种转换方式和一种翻译现象，是对比译文与原文的“语表”形式，从中可以看到语言单位量的增加。

在语言学领域,"语表"指的是语言的表现形式,包括语音、词汇、语法等要素,是语言研究中的一个重要概念。语言学研究意义时,会区分不同的概念,如基本的概念意义(conceptual meaning)和联想意义(associative meaning),以及意义和指称等。经过多年的研究,专家学者对增译策略的认识逐渐深化,增加的语言单位也逐渐扩大。在翻译实践中,根据语言单位的不同,可以将增译划分为音位增译、语素增译、词汇增译、短语增译、小句增译、句群增译和篇章增译等类型。其中,在翻译实践中,增加字、词、小句比较常见;在传统翻译研究中,增加句群、段落及篇章的翻译现象并未列入增译的范畴,而常常将其视为文化补偿或再创造的手段(朱英丽,2021)。

在进行外宣翻译的过程中,为了提升辽宁对外形象传播力,需要根据两种语言的语言习惯与表达方式,在翻译时适当增补一些具有中国特色与辽宁特色的词语、短语或句子。以汉语和英语两种语言为例,汉语是意合语言,英语是形合语言;英语主要依靠形式手段来表达语法意义和逻辑关系,而汉语则更依赖语境、语序和语义的关联。因此,在汉译英的过程中,翻译工作者需要对汉语中的意义进行注释,增加或补充原文中含有特殊文化意义的词、短语或句子,以便向国外受众提供理解原文文本意义所必需的相关信息，进而传达源语文本中的中国特色文化内涵。

增译的主体为译者，对象是文化信息，工具是语言符号，有求似与求效的双重目的，可采用增补、阐、评、写等手段实现增译目的，充分展现源语文本的内涵与目的，彰显社会价值（朱英丽，2021）。因此，在外宣翻译的过程中，使用增译策略补充中国特色文化内涵需要发挥翻译工作者的主体性作用。翻译工作者对文化差异的处理、解释、重构，将会影响译文文本能否既保存中国特色的传统文化又传达给国外受众准确的外宣信息，进而填补国外受众对中国文化认知上的缺失。

三、减译策略

减译是翻译过程中常用的一种策略，是指在忠实于原文内容的基础上，根据目的语的语言表达习惯和修辞需要，省略在源语语表形式中出现的而在目的语中不需要或可有可无的语言单位，使译文更加简洁、流畅、自然，同时不损害原文的核心信息和意图。减译，是删减式全译，经常采用的原则是“减词不减意”，减词的对象可以是源语文本中任何层级的任何单位，包括音位、词素、词组、小句等。使用减译策略不仅能够避免译文的语言累赘、重复、冗余，又能够使得译文表达更加清楚、准确。简而言之,减译策略并不是省略有关原文中的重要信息、成分、思想等内容,而是为了使译文达到虽无言语上的表达但却含有此意的效果。

在外宣翻译中,为了把具有中国特色的源语文本信息译成国外受众能够明白、理解的译文信息,语言形式上的删减是必不可少的。基于此,在外宣翻译的过程中使用减译策略时,翻译工作者需要从目的语的语言差异、受众的思维差异等方面进行考虑,恰当地对外宣翻译的源语文本中冗余的信息进行删减,使译文更加准确、更加地道、更容易被国外受众理解和接受。例如,“产权原则:清晰。”这句外宣翻译中的企业简介的译文为:Property right principle: clearly defined. 译文把原英文句式中应有主语(it)和系动词(is)省略掉了,保持了原文的语言风格,简洁明了地表达了企业中产品生产的原则。

四、意译策略

外宣翻译策略中的意译策略通常在源语与目的语差异较大时使用,它是在改变源语文本形式的基础上保留原文意义的翻译策略。翻译理论家和实践家马尔库斯·图利乌斯·西塞罗(Marcus Tullius Cicero)提出,没有必要在翻译时当句对,可以在保留语言总体风格的基础上适当意译。因为不应当像数钱币一样把原文词语一个个

"数"给读者，而是应当把"重量""称"给读者（谭载喜，2004）。西塞罗的意译观点后来形成了一种翻译趋势。意译策略不拘泥于原文的字面形式和词汇结构，而是在深刻理解原文语义、内涵、风格及文化背景的基础上，用目的语中自然、恰当的表达方式，传达出原文的核心意思、情感色彩和文化内涵。与直译强调形式对应不同，意译更注重语义的等效传递，使译文读者能够获得与原文读者相似的阅读感受和理解效果。

总体上来说，外宣翻译中使用意义策略在一定程度上改变了原文的形式，但结果是尽可能地保证译文的可接受性和话语传达性，加深国外受众对中国语言的理解，完满地实现中国特色话语的跨语言沟通的意旨。

五、代译策略

代译策略是指在外宣翻译的过程中，当遇到某些特殊情况，如原文存在表述困难、文化差异大、语言结构不匹配等问题时，翻译工作者不直接按照原文逐字逐句翻译，而是采用替代、转换等方式，用目的语中更合适、更自然的表达来传达原文的核心信息。这种策略强调以译文的可读性和目的语读者的理解为导向，在保证语义准确的基础上，灵活处理翻译难题。

翻译工作者在外宣翻译过程中运用代译策略进行翻

译时，需要使用目的语所处文化背景下的合适表达来替换源语中的文化表达，这种翻译策略能使外宣文本内容更容易被国外受众接受和理解。当翻译具有辽宁特色的外宣话语遇到某些专业术语、特定文化词汇、新出现的词汇在目的语中没有完全对应的词汇，或由于文化差异导致原文语句在目的语中属于禁忌或容易引发误解时，可以选用目的语中可以传达类似信息的词语替代原词，或改变原文的句子结构，将长句译成并列的散句或分离的单句进行翻译。

六、"译+释"并举策略

在进行外宣翻译时，翻译工作者应该至少做到两点：一是译文的表达方式不要让译文读者不费力阅读就能产生预期的理解效果；二是译文要与译文读者产生充分的关联，即提供充分的语境效果。这就为外宣翻译的翻译策略提供了更多的可能性，如"译+释"并举策略成为外宣翻译中常用的策略。"译+释"并举策略是一种在翻译过程中将翻译与注释相结合的综合性策略。翻译旨在把原文信息用目的语传达出来，保证基本的语义传递；注释则对翻译中难以处理或需要额外说明的部分，如文化背景、专业术语、特殊表达、歧义内容等进行解释，帮助目标读者更好地理解原文的含义和背后的文化内涵等。这种策略尤其适用于处理具有文化特色、专业性强或语义模糊的文本。

辽宁外宣翻译的目的是通过给国外受众提供最佳的译文，使他们能够读懂具有辽宁特色的外宣语言，帮助他们知晓并理解语言背后的文化内涵，消除他们对辽宁特色词汇和文化的认知障碍，从而达到良好的跨文化交际效果。在外宣翻译时常常会运用诸如宾语从句、介词短语、动词不定式、定语从句、同位语等多种语法手段，通过解释、说明、阐释、加注等方式，适时、准确地把背景信息融入译文中。

外宣翻译中，“译＋释”并举策略的表现形式有很多种，在此主要介绍三种常用的形式。第一，借助同位语。同位语是在名词或代词之后的并列名词或代词，与前者指代同一事物，只是加以说明，为同位关系。同位语与被它限定的词的格式要保持一致，通常在句子中紧挨在一起。在外宣翻译中，借助同位语是处理文化缺省现象时最常用的一种形式，同位语除表示其指代事务的全部意义外，还可以表示部分补充意义。例如，“我们中国人民是勤劳勇敢的。”的译文为 We Chinese people are brave and hard-working. 中的 Chinese people 是 we 的同位语，除了与原文对应外，还表示一种强调的语气。第二，借助括号解释说明。例如，在翻译“鞍山市人民政府关于印发鞍山市科学技术奖励办法的通知”时，要考虑国外受众可能不知道鞍山市具体在中国的什么位置，所以可以添加括号，在括号中补充说明鞍山市的地理位置，具体译文为 Notice of Anshan Municipal People's Government on Issuing the Measures of Anshan City Science and Technology Award（Anshan, in Northeast China's Liaoning Province）。第三，借助 of 引导的介词短语。例如，“在这片土地上，有许多大坝。大坝好似铜墙铁壁，顶住了洪水的冲击。”的译文为 On the land, there are a lot of dams. Like a bastion of iron, the dam withstood the rushing floodwaters. 原文中“铜墙铁壁”是一个对偶的结构，用来形容事物的坚固或力量的强大。“铜墙”和“铁壁”指的是同一种性质的物体，指代的意义一致，不能分开理解，不能分别翻译为 a wall of bronze 和 a bastion of iron。因此，可以合并翻译，借助 of 引导的介词短语，以避免造成在译入语中不必要的语义重复。

七、化译策略

化译策略是指在翻译过程中把难以翻译的语句采用分解与切分的方式进行分译，使译文符合并接近源语文本，形成高质量的译文，进而准确地传达原文信息。使用化译策略通常是为了确保信息传达得清楚、准确，省略一些意义重复的语句或者使用其他近义词或近义短语来代替，如 ships and boats（船舶），support and maintenance（支持、维护），licenses and permits（许可证），charges, fees, costs and expenses（费用、成本、开支），any duties, obligations or liabilities（任何责任、义务）等。

在外宣翻译中使用化译策略体现在处理文化差异时，灵活调整文化意象和表达方式，使目标读者更好地理解原文所蕴含的文化内涵，再现源语外宣文本的精髓，促进不同文化之间的交流与融合。

八、四字修辞策略

在外宣翻译文本中，经常会出现四字结构（四字格）。四字修辞策略是指在外宣翻译过程中，运用四字结构来增强语言的表现力、节奏感和美感。四字文本包括四字词、四字成语、四字排比句、四字短句等，这些都体现了汉语的音韵性、生动性以及语言的节奏感和韵律美，有着高度的概括性和表达的精确性。四字结构形式整齐、音韵和谐、言简意赅，能够以简洁的语言传达丰富的信息，使表达更加生动形象、富有感染力。

在翻译汉语四字结构时，有时会产生译文句子结构松散、用词不精准、词语牵强累赘、句式冗长的现象，导致难以呈现汉语文本的语言修辞特征。因此，在翻译时要删减一些影响修辞特征的内容，把汉语的字面信息变为隐含信息，把汉语信息的承载量删减为汉语信息的呈现内容，避免形成译文中缺失汉语的信息成分，导致表达不完整。进行删减的主要目的是达到忠实于原文的目的，实现外宣翻译的内容对等、形式对等、内涵对等、意义对等。在翻译实践时，四字结构删减得恰到好处会使译文更好地被国外受众理解并接受。例如，“建立办事高效、运转协调、行为规范的管理体系”的译文为 set up a high efficient, well-coordinated and standardized administrative system。

第七章

生态翻译学概述

生态翻译，是一个翻译学术语，是从原文内在的生态结构出发来对翻译作品进行选择，并且在翻译的过程中将原作固有的生态结构在另一种语言中再现，所以，生态翻译首先带有一定特色。生态翻译学是社会文明转型在翻译学研究方面的一种反映。20 世纪 60 年代以来，人类社会逐步开始了从工业文明到生态文明的转型。1972 年，联合国发布了著名的《联合国人类环境会议宣言》(*The United Nations Conference on the Human Environment*)，将保护自然环境提升到全人类关注的高度。中国也进而开始重视生态环境问题，此后接连提出了可持续发展战略与科学发展观。在这样的背景下，有关生态的研究进入包括翻译学在内的诸多社会科学研究领域,这是时代发展的自然体现。

第一节 生态翻译学起源

生态翻译学(Eco-translatology)是由清华大学胡庚申提出并开创的翻译学理论。生态翻译学是翻译研究领域中一个正在兴起的生态范式,生态翻译学可以理解为一种生态学途径的翻译研究,抑或从生态学视角进行的翻译研究。2013 年,胡庚申的著作《生态翻译学:建构与诠释》在商务印书馆出版了,此书对生态翻译学作出了全景式的描述与诠释。

一、生态翻译学的定义

生态学被定义为:研究生物与环境以及生物与生物之间相互关系的生物学分支科学。人与自然界之间、生物与环境之间的逻辑关系随着时间的推移不断加深。现代生态学的研究方向也逐渐脱离了生物领域,转变为对自然界与人的本质关系的探索。近年来,在社会科学与人文科学领域,"生态"既可以指"自然健康"又可以指"和谐共生"与"保持平衡"的集合。生态学是在整个人类文明视域下的整体科学探索,在研究方法上注重各个要素间的相互作用与相互关联,是整体主义的科学研究。

翻译学是研究翻译的规律和艺术的学科(王春林,2001)。翻译学的主要研究包括下面六项内容:一是研究中外翻译的历史、流派与理论;二是探讨翻译的标准、原则、性质、作用与方法;三是描述翻译的实际操作过程,说明各类翻译包括应用翻译与非应用翻译等的特点和不同要求;四是探索语言转换过程的科学性与艺术性;五是确定翻译人员应具备的个人素养、才能和提高人才培养的途径;六是预测翻译事业的发展方向等。提及翻译学就不得不提"翻译学科",对于这一学科,英语译名多种多样,霍姆斯建议用 translation studies 作为翻译学科的标准称呼。20 世纪 50 年代后,翻译研究得到了长足的发展,研究领域逐渐扩展到与翻译有关的各个方向,既包括文学翻译与非文学翻译,也包括各种形式的口译如联络口译、交替口译、同声传译以及电影字幕翻译等。翻译学研究至少要从三个层面进行探索,即对比语言学、比较文学和文化研究,但是翻译学不仅仅隶属于上述任何一门学科门类。2022 年 9 月,教育部将翻译(0551)脱离外国语言文学(0502)学科,使之成为一门独立的与外国语言文学并列的二级学科。

上述关于生态学和翻译学的阐述以生态为要义,强调翻译的整体观,基于翻译实际进行研究,产生了"翻译生态环境”“翻译生态系统”“译者适应”“译者选择”“求存择优”“共生互动”等一系列术语和概念(胡庚申,2008)。

生态翻译学是翻译研究领域中一个正在兴起的生态化论域(胡庚申,2019)。2001 年,胡庚申在“国际译联第三届亚洲翻译家论坛”上首次提出“生态翻译学”这一概念,并指出它是一种生态学途径的翻译研究(an ecological approach to translation studies)或一种生态学视角的翻译研究(translation studies from an ecological perspective)。“生态翻译学”涉及“生态学”和“翻译学”两个视角,同时又是一项具有跨学科性质的交叉研究(胡庚申,2008)。生态翻译学以生态整体主义为理念,以翻译适应选择论为研究基础,是翻译研究中一种整体性研究的尝试,也是一种生态范式的科学探索。生态翻译学立足原文内在生态结构特性,对翻译策略与译文形式进行适应性选择。在翻译过程中,译者要在目的语中再现原作固有的生态结构。生态翻译学运用生态理性,从生态学视角对翻译进行综观的整体性研究,是一个“翻译即适应与选择”的生态范式和研究领域。生态翻译学立足翻译生态与自然生态的同构隐喻,是一种从生态视角综观翻译的研究范式,致力于从生态视角对翻译生态整体和翻译理论本体进行综观与描述。

生态翻译学以其独特的叙事方式，对翻译生态系统进行了整体性研究。生态翻译学着重从全面的视角进行探索，对翻译的本质、翻译的标准、翻译的原则、翻译的过程、翻译的方法以及翻译的现象等一系列翻译问题作出新的描述和讲解。生态翻译学以生物进化论中的“自然选择”“适者生存”等基本原理为基石，其研究的中心问题是翻译适应选择论；同时，以中国古代哲学的“天人合一”“适中尚和”的经典智慧为依归，提出了“翻译即适应与选择”的翻译理论，即“生态翻译学”理论（胡庚申，2008）。这个理论是将翻译生态与自然生态作类比进行的整体性研究，针对译者与翻译生态环境的相互关系进行研究，着重强调译者在翻译生态中的生存境遇和译者能力的发展探索。

二、生态翻译学产生的背景

生态翻译学是在当今时代背景和社会思潮下产生的翻译理论，融合了中外翻译相关理念与生态环境为指导的理论建构过程。生态翻译学的出现和发展，既有全球因素，又有中国因素；既有外部因素，又有内部因素；既有客观因素，又有人为因素；既有其偶然性，又有其必然性。

（一）全球性的生态思潮

生态翻译学是在全球化背景下，经济社会转型时期的译学理论产物，是翻译领域的理论变革。从20世纪60年代开始，人类社会步入到生态文明时期，改变了以往工业文明的历史发展模式，其间出现的代表性人物有美国海洋生物学家蕾切尔·卡逊（Rachel Carson）。1962年，卡逊发表了影响全球的《寂静的春天》（*Silent Spring*），在文中，她阐明在20世纪60年代，人类正处于生存发展的转折点上，人类已经破坏了大自然并且破坏速度越来越快。1972年，联合国召开环境会议，发布了著名的《联合国人类环境会议宣言》，提出保护自然环境已经达到全人类密切关注的高度。1987年，联合国世界环境与发展委员会发布报告《我们共同的未来》（*Our Common Future*）。1995年，美国生态哲学家大卫·格里芬（David Griffin）提出了"生态存在"的重要理念，表明生态存在论哲学的正式问世。在此基础上，"生态"维度被引入不同科学领域，其中就包括翻译这个领域。可见，在此基础上的哲学转向为翻译学研究者们拓宽了研究视角和研究思路，"翻译生态"由此而生，促进并开辟了生态翻译学的研究路径。

（二）中国的生态探索

早在古代，中国就已经有着丰富的生态探索，这种探索主要体现在以"道法自然""天人合一""以人为本""中行无咎"为特点的理论智慧之中。孔子推崇尧、舜的教导,《论语·尧曰》中提出“允执其中”的观点;孟子提出“万物皆备于我”的思想,这种思想在《孟子·尽心》中得以阐明;在《天论》中,刘禹锡主张“天人交相胜”的思想;严复在译著《原强》中也强调“物竞者,物争自存也;天择者,存其宜种也”“动植如此,民人亦然”等。这些生态思想孕育并形成了生态翻译学的宝贵智慧资源,是我国翻译界学者形成生态翻译学理论的重要基础。

(三)生态视角下的翻译探索

1. 国外生态视角下的翻译探索

在国际社会关于生态研究的探索过程中,一些专家学者将翻译活动置于生态学环境下进行阐述。专家学者们从各个角度对翻译与生态进行了探索,如“生态”“环境”“生存”“选择”“适应”等,翻译文献里有关生态的研究逐渐增多。例如,斯坦纳(1975)对生态翻译理论的贡献是把翻译理论分成普适理论和局部理论,概括为整体环境适应与局部环境适应问题,这里的环境适应属于生态研究的范畴。纽马克(1988)从文化介入的角度对翻译的过程进行了分类,第一个分类就是把翻译的生态学内容引入其中。美国学者罗森纳·沃伦(Rosanna Warren,1989)认为,翻译是一种认知和生存模式的生态翻译学解读。威尔斯(1996)认为,翻译过程是两个高度复杂的阶段:第一个阶段是对由环境决定的文本输入的分析;第二个阶段是在复杂的回馈处理机制框架内对输入文本的操纵。在此基础上,威尔斯阐述对翻译决策过程的探索可以从集中关注各种环境因素,如翻译任务的特征、翻译者及其决策能力、客户的需求等视角进行描述。意大利学者大卫·卡坦(David Katan)在1999年进一步明确并细化了翻译生态文化的具体内容,他认为与翻译相关的生态环境问题主要包括生态的政治环境、气候环境、物理环境、空间环境、周围环境、食品环境、嗅觉环境、场景环境等。英国著名翻译理论家米歇尔·克罗尼恩(Micheal Cronin)2003年在专著《翻译与全球化》(*Translation and Globalization*)里特别提出了不同语种之间的"翻译生态"理据,强调翻译是不同语种之间的交换,要保持源语和目的语翻译之间的"健康"与"平衡"。

2. 国内生态视角下的翻译探索

国内关于生态视角的翻译探索从何时起步还不是十分明确。在早期阶段,辜正坤(2004)提出了"人类文化演变九大律",其中的第一个规律,就是"生态环境横向决定律"。"生态环境横向决定律"指生态环境是影响人类文化发展的第一要素,在历史发展的特定阶段影响显著,但总体上作用逐渐减小。例如,中国封闭内陆型环境促进了农业、家庭、家族、国家的发展，形成了以孝道、忠诚为核心的价值观；而西方开放的海洋环境则推动了商业、游牧业的发展，形成了个人主义和勇敢、节制、正义、谨慎等价值观。张明权(2005)在《二元对立翻译观的文化解构》中借用“翻译生态”这一概念对翻译理论、翻译质量、翻译批评、翻译行业发展等进行了阐释。

上述国内外的诸多翻译研究者，在早期从不同的角度对什么是“生态”、什么是“环境”、什么是“生存”、什么是“适应”、什么是“选择”等生态术语进行了探索，对“生态取向”的翻译研究有了长足的探索，“生态翻译”渐渐被学术界接受。这些探索和研究为生态翻译学的提出与发展，以及生态学翻译理论的产生提供了较为全面的视角和更为可信的思维空间，指出了翻译研究的生态方向，更为以后生态翻译学方向的进一步研究开辟了道路。

三、生态翻译学理论

早期的专家学者对生态翻译学方向的诸多研究为生态翻译学的发展指明了方向，也为生态翻译学理论的产生奠定了基础。生态翻译学是在翻译适应选择基础上的学科，翻译适应选择是生态翻译学理论发展的初期概念，是一项基础性的理论探索。

生态翻译学理论具体阐述了翻译适应选择论对翻译

文本的解释功能，具体表现在四个方面：一是翻译过程——译者适应与译者选择的交替循环过程；二是翻译原则——多维度的选择性适应和适应性选择；三是翻译方法——“三维”（语言维、文化维、交际维）转换；四是评价标准——多维转换程度、读者反馈以及译者素质。目前该理论共涉及九大研究焦点，即生态范式、关联序链、生态理性、译有所为、翻译生态环境、译者中心、适应/选择、“三维”转换、事后追惩。下面介绍翻译生态环境和“三维”转换两个研究焦点。

（一）翻译生态环境

生态翻译学的提出者胡庚申（2004）指出，翻译生态环境是翻译的原文、源语文本和目的语文本所呈现的世界，即文本中涉及的语言、交际文化、社会，以及作者、读者、委托人等互联互动的整体；翻译生态环境是制约译者最佳适应和优化选择的多种因素的集合。因此，翻译生态环境是译者和译文生存状态的总体环境，范围极其广泛，是由所涉文本、文化语境与“翻译群落”及精神和物质构成的集合体。它超越传统语境概念，包含政治经济环境、技术条件（如机器翻译普及）等宏观因素。

翻译生态环境是生态翻译学理论中的一个核心概念和一个新的合成范畴。它既包含了生态翻译学从无到有，对目前的当代生态翻译的一种反思与积淀，也包含了翻译过程与翻译生态平衡理念的紧密相关性。翻译生态环境源于相关学科中的有关概念、基础原理、体系阐述、解释关联等内容，这些都为生态翻译学的提出与发展提供了研究空间和观察视角。翻译生态环境建立在对翻译学科的概念、原理、结构、理论等理解的基础之上，是一个多范畴的多元综合概念，是与翻译生态平衡形成密切相关的平衡基础。可以这样说，翻译的生态平衡是翻译生态环境建构的目标与支撑载体，是生态翻译学的核心学科概念。翻译生态环境在现实意义中表达出翻译探索的深刻思想内涵，可以对其本质进行深入的探索与挖掘，使之成为现代生态翻译语境下的翻译研究中心思想，进而为翻译生态平衡理念提供更为准确的理论阐释。

总之，翻译生态环境是存在于自然界中各个要素交织组成的各项翻译活动的发生、发展、存在相关的各种自然的、人为的、科学的、人文的等各种因素汇聚的总体环境。生态与环境相互独立又相互关联，是一个事物的两面性。

（二）“三维”转换

“三维”指的是语言维、文化维、交际维。

1. 语言维的适应与选择

语言维的适应与选择，强调翻译过程中译者需在语言层面进行动态适应与选择性转换，以实现原文与译文在语言形式和功能上的对等。从功能语言学角度解读，语言维侧重的是翻译的文本语言表达。关于汉英两种语言的差异，在语言形式层面表现为词汇表达、句法形式、篇章结构等方面的差异。

2. 文化维的适应与选择

文化维的适应与选择，强调翻译不仅是语言形式的转换，更是文化信息的传递与重构。译者一方面需要在文化维上动态适应源语文化与目的语文化的差异，并进行选择性转换，以实现文化内涵的跨文化传递；另一方面又要着重探寻英汉、德汉、法汉、韩汉等不同语种与语言中文化内涵的传递与转换，尽量保障语言文化生态之间的平衡、融通与和谐，避免由于文化差异造成的理解错误或内在含义曲解（胡庚申，2013）。

3. 交际维的适应与选择

交际维的适应与选择，强调翻译不仅是语言和文化的传递，更是交际意图的动态实现。译者需要在交际维上平衡源语与目的语的交际功能，确保译文在目标语境中达成与原文对等的交际效果。强调交际层面的适应性选择转换是交际维的重心，其关键在于在翻译过程中是能否达到源语和目的语的交际意图，是否能够使两种语言的交际生态得到最佳的维护（胡庚申，2013）。

四、生态翻译学新表述

“生态学”和“翻译学”的交叉融合是生态翻译学的起源，生态翻译学研究是“生态学”和“翻译学”的双向互动，是具有跨学科性质的交叉研究，是人类与自然界之间本质关系的研究，是研究翻译的规律与艺术的综合体现，是生态的整体主义科学与翻译相互关联、相互作用的整体性展示，是探索翻译原理、翻译实质、翻译过程、翻译方法、翻译标准、翻译对象等一系列翻译知识的理性认识与思考的高度抽象概括。

自生态翻译学诞生之后，虽然相关理论的研究和发展过程中出现了动态的演进和调适，但是核心理念一直比较稳定，且在发展中不断完善。从总体上看，生态翻译学以新的生态主义理念为指导，从生态翻译的喻指和实指两个层面进行探索，并从中发掘和拓展翻译的源语文本与翻译过程活动的生态理性和生态意义，特别强调生态化的研究方法，是一种从新生态主义理论视角阐述、综观翻译的研究模式。总而言之，生态翻译学在生态主义翻译观主导下以新生态主义为指导，致力于发掘和揭示翻译活动中的生态理性和生态意义，旨在使生态理性和生态思想成为一种世界观和方法论来统领和关照一切翻译行为和翻译研究，是一种从生态视角综观和描述翻译的研究范式，为人类生态文明的进步提供了“译有所为”的研究理论。

第二节　生态翻译学理论创新

近二十年（2004—2023）的翻译研究和发展表明，生态翻译学是在中国土地上发生、发展，由中国学人首次提出，以中国语言文字首次正式公开并在国际上被广泛关注和逐步认可的原创性的本土理论体系（胡庚申，2021）。生态翻译学的本土理论创新与国际发展是国内外翻译学界普遍形成共识的生态翻译学两大亮点。

生态翻译学以翻译即文本移植、翻译即适应与选择、翻译即生态平衡为其核心理念的生态范式根本，致力于求解“何为译、谁在译、如何译、为何译”的根本性问题。生态翻译学以新生态主义为理论主导，以生态翻译的喻指和实指为双向研究取向的本质核心，以翻译的文本生态、翻译的群落生态、翻译的环境生态为三种研究对象，以生态平衡与和谐为基本原则，以生态多维整合为继承基础，以多元共生为建构原则，以译者责任为翻译原则的伦理规范。生态翻译学理论创新旨在以生态化的世界观和方法论来统领和观照翻译行为和翻译研究，是一种从新生态主义理论视角综观和描述翻译的研究范式(胡庚申，2021)。

应该说，生态翻译学经历了从无到有，从理论自觉和实践自觉到生态缘起，再到国际发展探索的发展过程。生态翻译学力求在翻译文本的生态立意、翻译群落的生态制网、翻译环境的生态选择、翻译主体的考查、翻译群落的整合性研究等方面，衍生出翻译即生态平衡的核心理念。从翻译体系的“学”到翻译理论的“论”再到翻译行为的“行”，平衡贯通了宏观、中观、微观三个层面的生态翻译新理论。生态翻译学理论由“三效合一”的翻译共同体组成，“文”即文本、“人”即译者或读者、“境”即译境，三者合而为一，形成以“文”为基础、以“人”主为主行、以“境”为视角的综合观测核心整合体系。在此基础上，建立了翻译探索的“学”“论”“行”和“文”“人”“境”之间的相互融合关系、互动机理准则和基本特征，构建了生态翻译学理论话语体系(胡庚申，2021)，这也是一种生态翻译理论创新。

总之，生态翻译学结合了国内外翻译与生态翻译相关的探索，借鉴了进化论的生态“适应选择”学说，在与东方生态智慧、西方生态主义相互融通的过程中形成了生态翻译学理论。这一理论在新时代仍在不断发展和完善,其间也经历了专家学者的质疑与反对、争辩与讨论等各种过程,才有了今天的生态翻译学理论体系。这一理论体系在不断创新中成长、壮大,具体体现在以下四个方面。

一、创设"关联序链"

将"关联序链"这个概念引入生态翻译学是生态翻译学理论建构的基础,是其理论创新的前提。"关联序链"是指从翻译到自然界之间存在的一种具有内在逻辑联系的认知视野延展链条,具体表现为"翻译→语言→文化→社会/人类→自然界"。这一链条体现了翻译活动与自然界之间的互联关系,以及自然生态系统与人类社会系统共通互动的基本特征。

"关联序链"是翻译循环回溯的路线表达,它为人文科学与自然科学搭起了对话的平台,揭示了翻译生态与自然生态之间的关联性。在自然生态到翻译生态的关联域中,"关联序链"确保了关联域内各个元素的互融互通,确保了其相互间的关联性和相似的结构组成。"关联序链"的结构是在关联域内的翻译过程处于自然界之中的生态结构下的一种关联指引,在逻辑上是以关联的方式再现翻译的生态和自然界的生态的同构同设,两者之间有着彼此相似且接近的规律。这种序链中蕴含的关联性和同构性的内涵是生态的自然科学研究方法与翻译研究共生共享的理论基础，并为翻译实践探索奠定了理论基础。

生态翻译学的翻译适应选择论是从适应和选择的生态视角进行描述，这就为运用自然科学方法与翻译研究进行融合探索提供了实践准则。胡庚申把生态学的自然科学理论观念应用于翻译研究是对翻译理论的一种创新，这当然受到了社会复杂性关系的影响，进而体现在“关联序链”表达的关联性上，当然也包括包容性与趋向性两个方面。将生态学中的自然科学方法引入翻译研究，是翻译适用性的体现，为全球的翻译探索指明了方向、目标以及可借鉴的路径。“关联序链”是生态翻译学理论发起的重要前提，许多专家学者依照此序链引申出更多的理论思想，部分也成了后续研究的重要依据。“关联序链”的表征超越了翻译研究话语表述形式，为国内的翻译研究创新提供了可资借鉴的方法论。

二、揭示“生态范式”

生态翻译学是国内学者的在翻译领域的创新成果，而后在全世界范围内产生了共鸣。业内学者纷纷认为，生态翻译学研究的理论视角是人文科学和自然科学融合的结果，其本质上呈现自然与人文互为补充、互为融合的特点，二者相得益彰、互为机理、取长补短，达到共融共通的目的，协同创新的整体效应（方梦之 等，2017）。

2013年，由商务印书馆出版的《生态翻译学：建构与诠释》一书，是胡庚申创建的生态翻译学理论日臻成熟的标志。生态翻译学理论的产生，标志着中国翻译理论研究的肇始，改变了中国学者一直被动接收西方翻译理论、语言学范式或文化范式等的境地，鼓动了国内翻译理论创新的思潮。生态翻译学以独特的“生态理性”视角，在语言学转向基础上把翻译研究的创新性发挥了出来，以“文本生命、译者生存、翻译生态”的“三生”为翻译研究对象，同时摈弃了传统翻译理论的研究范式，把翻译植入人类的生态系统之中，为其增添了生命力。生态翻译学通过深入解读翻译适应选择论，将本源的生态系统推进到“生态范式”的整体建构中来，揭示了生态整体主义的建构方式。基于翻译适应选择论，把涉及的翻译生态、文本生态和翻译群落生态进行统一划分，找寻三者之间的作用关系（胡庚申，2013）。

生态翻译学理论是中国翻译理论的创新，是一种范式转换、一种中西方生态思想与生态翻译的相互融合，有着中国的特色、中国的声音、中国的风格、中国的印记。

生态翻译学理论立足翻译生态与自然生态的同构隐喻，以“生态”“平衡”“移植”“适应选择”喻指翻译主体与环境的互动，建立了一套有效的解释性话语（蓝红军，2018），奠定了当代中国翻译理论在国际上拥有话语权的基础。应该说，生态翻译学理论是中西方自然与人文在生态学视域下的互通互融，有着独特的生态范畴与话语体系。

胡庚申（2019）认为，生态范式是基于生态视角的生态翻译学研究范式的深化与拓展，有其语言学范式与文化范式的印记，也有其元学科性质与整体论性质的研究范式。生态翻译学的“生态范式”在胡庚申看来既是一种顺应，也是一种弥补；既是一种转换，也是一种超越；既是一种尚生，也是一种变革；既是一种开疆，也是一种提升。或者说，生态翻译学作为一种“生态范式”在一定程度上既是一种更新，也是一种表达；既是一种创新，也是一种吸收；既是一种话语权，也是一种思维模式；既是一种复杂的整体论，也是一种简单的实践论。生态翻译学吸收了中国的传统生态智慧——尚生之道，也借鉴了西方的生态理论，促进了中国翻译理论体系的构建，推动了中国话语体系的重构，加快了中国翻译研究理论的创新与变革。

三、确证“三生”论域

自生态翻译学理论诞生以来，国内外许多专家学者就其理论的发展、创新与不足进行了深入的探讨。随着研究的深入，有学者在原有基础上对生态翻译学理论进行了创新，其中特别要提及的是胡庚申关于“三生”论域的思考。胡庚申(2021)把生态翻译学的研究对象定位在“三生”论域，这一论域指的是译本生命、译者生存和翻译生态。“三生”论域讲求的是以“生”字为线索展开研究和论证，表明“生”是生态翻译学发展的基石。生态翻译学以“三生”为研究对象，揭示翻译是在一个动态的、平衡的、三者兼顾的“三生”系统之中。在此基础上，生态翻译学就具有了四性，分别是复杂性、动态性、再生性与衍生性。翻译是一个复杂又灵动的思维转换过程，生态翻译学的“三生”研究对象的特征为动态性、非线性、逻辑性与整体性，而生态翻译学的文本无论是源语文本还是译语文本，都是一种既定的“存在”，这种“存在”是静态的、确定的源语文本。因此，生态翻译学的研究对象从关注翻译文本的“存在”转向翻译整体的“三生”或“共生”。生态翻译学的“三生”论域是一种理论创新。就生态翻译学的实质来看，“三生”论域以“生”为研究路径，以生态范式研究为根本，本质上是本体的思想创新的内在逻辑(胡庚申，2021)。

生态范式的新模式构建了“四生”观，分别是尚生(即崇尚生命、重视生命，是以“生”为内核的生态翻译学研究者在面对翻译问题时所采取的原则立场和价值取向）、摄生（即维持、把握生命，可对应翻译中的理解过程，它指在翻译之前尽可能全面获取和把握原作的一切生命价值）、转生（即再造、复活生命，就是把原作的生命移植、转换到译作中去，并致力于落实译文之“生”）、化生（即变化、转世、再生，通过生态翻译让译作独立存活，既蕴含着生生之道，又蕴藏着“生生之谓译”的真谛）（胡庚申，2019）。这“四生”以生态范式为研究基点，形成以“生”为导向的、“生命—生存—生态”一体化的学术话语与理论体系。作为“生态人”的译者，要将源语生态中的生命体移植到译语生态中，使之继续存活、保持生命（胡庚申，2021）。生态翻译学视域下的“生生”是和谐共生中的文本、译者与译境之间的“生生”，第一个“生”是源语生态中的生命体，第二个“生”是译语生态中生命体的“生”。生态范式既是一种顺应，也是一种弥补。

生态翻译学中的“三生”论域、“四生”观不仅打破了传统翻译学的观点，也与中国新时代的生态文明建设和全球化的生态学术思潮与生态文明思想紧密相连。

四、首倡“新生态主义”

Neo-Ecologism 是“新生态主义”的英文，显然是在原有的“生态主义”(Ecologism)前加一个“新”(Neo-)字。它不同于兼顾中国生态智慧的生态翻译学，也不同于西方生态主义衍生出的意义，它们有着各自不同的指向性，相互不兼容。基于东西方不兼容的情形，用“新生态主义”这一新词进行调和，既有国际因素，也有国内因素；既有西方生态因素，也有东方生态因素；既有学理因素，也有实践因素；既有研究的实质和本相，也有研究的虚质和虚相。

新生态主义翻译体系研究发展定位的要求，也是翻译实践的迫切需要。未来的生态翻译学发展需要从新生态主义视角进行探索，构建综观与描述视角下的新生态主义翻译观。新生态主义包含三大哲学基础和理论依据，分别表述为：第一是生态理性、生态整体论的西方生态主义；第二是天人合一、生生不息的东方生态智慧；第三是多维适应、多维选择的翻译适应选择理论(胡庚申，2021)。生态学的整体观强调研究方法的整体主义科学，注重相互关联、相互作用的整体性。因为翻译涵盖宽广的研究领域，因素众多，并且各个因素之间相互关联，所以整体观是翻译研究首要的、必需的原则。以生态学的整体观为方法论，进行整体性的翻译探索，是生态翻译学研究的重点。

生态翻译学以新生态主义为理论主导，目的是阐述翻译文本和翻译活动中的生态理性主义和生态意义要素。以发掘和揭示翻译的生态定位为要旨，旨在以生态化的世界观和方法论解决翻译过程中遇到的各种问题，构建生态翻译学理论话语体系，使“译有所为”，进而促进人类生态文明建设。构建新生态主义翻译观是生态翻译学思想中一项具有战略意义的翻译理论建设，是用生态理论指导翻译实践的生态翻译学领域内国内学者的翻译理论创新，并被国际学者认可。从新生态主义视域出发的新生态主义翻译观，是对翻译研究的语言学范式与文化范式之间的认识论进行探讨，找出其间的鸿沟进行弥补，并对现存翻译问题进行求解与反思(胡庚申，2021)。

总体上来说，生态翻译学的理论创新分别从创设“关联序链”、揭示“生态范式”、确证“三生”论域和首倡“新生态主义”四个维度进行创新，经历了翻译适应选择论的积淀，打破了西方各种翻译理论层出不穷而东方翻译理论显而少之的失衡格局，促进生态翻译学的研究在中国这块土地上生根发芽、茁壮成长。

第八章

生态翻译学的生态定位

基于伟大科学家达尔文提出的“自然选择”和“适者生存”的进化理论，2001年中国清华大学学者胡庚申提出了生态翻译学的概念。生态翻译学是翻译研究领域的新兴范式，其生态定位通过构建翻译活动的生态隐喻系统，将翻译行为置于宏观生态系统的框架中，揭示了翻译过程中语言、文化、社会等多维要素的动态平衡机制。在译者进行翻译的过程中，只有正确定位翻译生态环境中的各种因素，才能更准确地翻译出高质量的译文。译者以生态翻译学为认识论导向，从更深层次把握翻译研究的生态定位途径与目标。

第一节 生态学视域下的翻译生态环境

生态学研究生物与环境相互作用，强调整体性、关联性、动态平衡等。生态学视域下的翻译生态环境可类比由多种要素相互作用形成的系统，这些要素相互关联、相互影响，共同决定翻译活动的进行和翻译产品的质量，如同生态系统中生物与环境相互依存。

一、翻译生态环境解读

“翻译生态环境”这个术语，是生态翻译学提出的依据。翻译生态环境构成的要素有源语、原文和译语系统，是译者和译文生存状态的总体环境，它既是制约译者最佳适应和优化选择的多种因素的集合，又是译者多维度适应与适应性选择的前提和依据（胡庚申，2011）。译者处于不同语言与文化间各种力量交互作用的交互点上，既是翻译过程的主体，又是译事得以进行的基石（罗迪江，2020）。

翻译生态环境是一个生态翻译学的核心概念与核心范畴。翻译生态环境着眼于翻译学科的概念积累，其理论原理源于翻译与生态交织的内容，解释体系重在翻译理论的发展与应用，这一术语为生态翻译学进行深入研究提供了学科原理、学科理论与学科概念的观察视角。

翻译生态环境与“翻译即生态平衡”的理念息息相关。翻译生态环境作为一个多元共生的综合概念，是“翻译即生态平衡”理念的基础；反过来，“翻译即生态平衡”是翻译生态环境建构的目标。可以这样看待翻译生态环境：它是生态翻译学的制动设备，只要翻译生态环境发生变化，生态翻译学就要全身反应，是一个牵一发而动全身的学科概念。深入探究翻译生态环境的本质与内涵可以发现，翻译生态环境包含深刻的思想内涵，是当代翻译语境的重要内容，为“翻译即生态平衡”理念的发展作好了铺垫。

二、翻译生态环境的发展未来

翻译生态环境既是“翻译即生态平衡”的理论支点，又是翻译适应选择论的创建依据。生态翻译学离不开翻译生态环境，二者的关系如同发展离不开生态环境、人类离不开社会环境一样，生态翻译学必须在翻译生态环境中发展壮大。翻译生态环境是生态翻译学的核心概念，胡庚申创建生态翻译学之初就把翻译生态环境定义为：原文、源语和译语所构成的世界，即语言、交际、文化、社会，以及作者、读者、委托者等互联互动的整体；翻译生态环境是制约译者最佳适应和优化选择的多种因素的集合

（胡庚申，2004）。2013年，胡庚申又拓展了翻译生态环境的内涵与外延：翻译生态环境不是笼统的、平面的，而是立体的、动态的。翻译生态环境既包括语言内部环境和外部环境，又包括物质环境和精神环境，还包括主体环境（如译者、作者、读者、出版商、洽谈商、审稿人等）和客观环境（如原文、译文、文体功能、翻译策略、翻译规约等）。

翻译是在一定生态翻译环境下的决策过程，翻译生态环境可以粗略分为宏观的翻译生态环境、中观的翻译生态环境和微观的翻译生态环境，有大环境、中环境、小环境之分。大环境从理论上看是指由于不同国家、不同民族有着不同的社会政治制度、不同的政治环境、不同的语言政策、不同的文化和不同的经济环境等，因而有着不同的翻译政策。大环境的翻译体现在宏观的层面上，主要考虑国家利益、政治立场、意识形态等形而上的问题（方梦之，2020）。中环境是指同一国家的不同翻译工作者很难做到既从事文学翻译又从事非文学翻译或应用翻译工作，也就是说，不同的翻译内容促使翻译生态环境也不完全相同。因为翻译活动涉及多维度、多样态、多领域的文本环境，不同的翻译门类确定了不同的翻译选择，不同的翻译工作者参与的各项翻译活动，其指导思想基本上处于中观层次，即中环境。小环境指大环境和中环境之下的操作环境(方梦之,2020)。生态翻译学描述和建构的小环境是在中观理论的调节下必然关注的翻译微观操作,即小环境,涉及翻译的源语文本环境、源语所处的时代环境、译者的心理环境、译者翻译时所处的物理环境、译者的生理环境、译者的知识环境、译者的情绪环境、读者的阅读环境、读者的认知环境等环境系统,这些都会对译出的文本产生影响。

生态翻译学视角下的翻译生态环境翻译实践是宏观理论的源泉,涉及众多研究领域,翻译生态环境的发展成为认识翻译本质和价值判断的理性工具。翻译生态环境驾驭具体的翻译操作实践,并通过翻译策略来传递(胡庚申,2017)。生态翻译学的系统理论是可以描述翻译现象的,是可以解释翻译行为的,是可以指导翻译实践的,因而也是具有可操作性的(胡庚申,2013)。生态翻译学理论在宏观层面建立了核心理论,在中观层面进行了过渡,在微观层面以各种方法为依托,逐步形成了一个在层次上清晰,有着大、中、小同向并举的策略。生态翻译学在宏观、中观、微观三个层级相统一的生态翻译环境体系的描写与建构过程中,达到了理论建构与翻译实践的互动。

第二节 从“物本为主”到“人本为主”的翻译转变

生态翻译学作为翻译认识论的一种导向，研究生态定位问题需要从更深的层面把握生态定位。对于生态定位，翻译领域的专家学者们在译者“有所作为”的境况下进行考察，既关注其在翻译过程中的生存境遇，又关注翻译文本的生命状态体系，更要从整体上关怀翻译的生态定位，其主要目的是通过建构翻译生态、文本生命、译者生存等内容之间的和谐统一关系来履行和指导生态翻译实践（罗迪江，2020）。

翻译的思维方式引导着翻译研究方向的变革。在生态定位下，译者研究的不同阶段可能发生着形式和主题上的变化，这种变化在当代有着一定的定位趋向，如从“物本为主”转向“人本为主”的翻译转变。

一、生态定位的含义

生态定位是在生态翻译学视域下，以译者作为“生态人”的生存境遇出发确立的译者主导、译者责任、译者发展之间的辩证统一关系。生态定位既要考察译者的生存境遇，又关注文本的生命状态，更关怀翻译的生态整体，其意旨是通过建构译者生存、文本生命、翻译生态之间的和谐关系去履行生态翻译。

生态定位的实质是确定了源语文本在翻译问题中的绝对地位，它涉及文本的生态境地、生态环境、生态效能、生态地址等信息内容。在此基础上，译者处于“物本化隐身”的状态，在翻译实践中变成不同语言的“转换者”，这是语言学角度的生态定位。倡导译文文本主导翻译行为的目的就是以“文化转向”为准则的译文中心主义生态定位观，这种转向的出发点是生态视角下文本意识的“物本化”立场，是从文本的角度去解决翻译问题，使之处于生态理性之中。“文化转向”可以打破翻译之间信息的封闭和不同文化之间的差异，把译者的能动性、主体性引入翻译活动之中。译者通过在生态环境中发挥主观能动性，进而在生态系统中实现翻译的最高执行力。

翻译过程中的“文本视角”与“译者视角”、“物本化隐形”与“人本化显形”、“转换者”与“生态人”的认识论问题，是生态翻译学的生态定位的集中体现。

二、“物本为主”

“物本为主”通常指以文本、语言形式或物质载体为翻译活动核心的倾向。这种观点强调翻译的客观性、语言规则的优先性，甚至将翻译简化为符号系统的机械转换。从不同维度和途径解构翻译生态环境，是强化“物本为主”的文本中心论。最开始占据支配地位的文本，在生态翻译的过程中会彰显出翻译研究的中心论目标。在当前生态翻译研究认识论的演变过程之中，文本被视为译者进行翻译的解构目标，译者用自己的理解及其在翻译生态环境中的定位，把文本置于生态系统之内进行分析，从而达到了“物本为主”的目的。对翻译的描述与解释，就是对文本的描述与解释。“文本视角”意味着译者的“物体化隐身”，以“文本视角”理解翻译是生态翻译“物本为主”生态建构的体现。

三、“人本为主”

“人本为主”指在生态翻译的过程中从“文本视角”转向“人本视角”，强调译者在翻译活动中的核心地位，将人的主体性、文化意识、伦理责任及读者接受度置于翻译过程的首要位置。这一理念与“物本为主”形成鲜明对比，其核心在于承认翻译不仅是语言符号的转换，更是人类文化互动、意义再生的创造性实践。从翻译的本质上来说，翻译要么是语言转换，要么是文化转换，生态翻译学的人本生态意味着研究对象与问题论域的转变。将“翻译群落”中的人与翻译生态环境的生态环境进行关联，这就是译者在翻译实践中主观能动性的体现，进而实现了长期以来两大转向视域下的翻译生态认知。生态翻译中的“人本为主”强调译者的主体性、读者的接受需求以及翻译过程中的人文关怀，考察整个动态翻译的过程及其内在机制，关注译者对“人本视角”的把握与理解，以及其在翻译过程中思维方式发生的转换。

四、从“物本为主”转向“人本为主”

20世纪中后期以来，语言学领域出现了语言学转向，这一方面促使翻译进行更科学的理论建构，另一方面又体现了文本成为决定翻译一切的研究视角。这里的文本指的是翻译意义上的“物本”。“物本”始终是困囿着翻译的首要问题，“物本化”构成了翻译最显著的特征（罗迪江，2020）。从传统意义上看，译者作为“人本”媒介常常扮演着传声筒、桥梁、引荐人的角色。在翻译实践中，译者在一定程度上以隐身的视角完成翻译的工作，但是这样也造成了译者的主体性无法在翻译中得以彰显，他们被定义为是“物本化”的隐身和“文本化”的隐身。总之，无论是“物本化”还是“文本化”，早期有关翻译的相关研究中译者都处于隐身状态。

随着翻译学的发展，专家学者们逐渐认识到“物本为主”的翻译理念在处理复杂语境、文化意象等方面的不足。这促使翻译界开始反思并转向更加注重译者主体性和文化敏感性的“人本为主”的翻译理念。国内学者周领顺的"译者中心论",国外学者的"译者的登场"(translator's turn)(Robinson,1991)、"译者评价"(translator's appraisal)(Munday,2012)、"译者声音"(translator's voice)(Hermans,2014)等研究都体现了从"物本为主"向"人本为主"的翻译转变。从"物本为主"到"人本为主",本质是翻译学科对人的主体性的重新确认。对译者的身份描写与建构是"人本为主"的主要内容,表现为进行多维度、多元化的考察与探讨,以实现译者特有的"人本化显形"。专家学者们从不同维度对译者的"人本为主"问题进行阐释时,关注点在于揭示"以人为本"的翻译观,目标都是使翻译研究趋向于"以人为本"的理念。

生态翻译理论从"物本为主"向"人本为主"的转向,是翻译研究从语言符号中心主义向人类文化实践中心主义的范式迁移。这一转向不仅重构了翻译的本质认知,更回应了全球化时代跨文化交流的深层需求。

第九章

生态翻译学视角下的译者行为

20 世纪末以来，国际上对翻译的研究越来越丰富，涉及翻译相关的众多领域，其中对于译者的研究越来越活跃。国内的专家学者从多个视角进行考察，在许多新的研究论域中产出了研究成果，其中包括对译者主体性的研究，如许钧(2009)、刘云虹(2012)、蓝红军(2018)等；对译者行为的研究，如周领顺(2019,2021)；对译者中心的研究，如胡庚申(2014)、罗迪江(2020,2021)等。这些专家学者的研究方向从与译者相关演化到以译者为中心，他们以多元、丰富的研究成果为译者发声，为译者研究注入了活力。

第一节　译者行为解读

近年来，译者研究热度越来越高，国内学者给予这个研究方向极大的关注，因而出现了许多新的研究主题，如译者主体性、译者主体间性、译者行为、译者中心等。译者研究以“译者”为基底，呈现出“主干清晰、多元丰富”的发展现状。

译者处于不同语言与文化间各种力量交互作用的交互点上，既是翻译过程的主体，又是译事得以进行的基石（罗迪江，2020）。译者行为作为当代生态翻译学领域中的一个重要研究主题得到了学界的广泛关注与讨论。译者行为研究主要是对译者行为进行反思与探讨，以生态翻译学为认识论导向，从更深层面把握译者行为的生态定位。本节主要从生态翻译学的视角，就译者行为的内涵和译者行为研究进行分析与讨论。

一、译者行为的内涵

在全球化语境下，中国话语走向社会、走向世界已成为重要的发展目标。随着中国文化“走出去”需求的不断强烈，作为语言沟通桥梁的译者在进行翻译过程中的行为非常值得探索与研究。

翻译的主体必然是译者，而且是具有鲜活生命和思想的译者。译者行为指社会视域下译者语言性翻译行为和超越翻译的社会性非翻译行为的总和，是译者在“译事中”的翻译行为。生态翻译学把翻译过程中译者进行翻译操作的行为确立为译者的选择性适应和适应性选择，简而言之，指的是译者具体的翻译活动。通过译者行为产生的如何进行译本的翻译问题、译者在翻译过程中的“中心”问题、译者“主导”的作用问题、译者“主体性”问题等，就是关于译者行为的总体表述。另外，诸如“译事前”的翻译准备阶段或“译事后”的翻译效果阶段的问题，都包含在译者行为之中，其中“译事中”的翻译行为问题是最主要的译者行为。

译者行为是翻译活动的核心，是译者在翻译过程中展现的语言转换能力、文化适应策略、社会伦理选择及创造性干预的综合体现。以译者行为为入口，以译文质量为出口，在社会视域下评价译者行为和译文质量主要遵循求真、务实的翻译评价标准。

二、译者行为研究

2019 年 4 月 26 日至 28 日，《北京第二外国语学院学报》编辑部举办“全国首届‘译者行为研究’高层论坛”，此后相关研究迅速发展。2021 年，为庆祝中国共产党成立一百周年，有组织开设“中国共产党翻译史译者群体行为研究”专栏，此专栏既是党史研究，也是译者行为研究，涵盖译者个体与群体研究。

译者行为研究是翻译研究中不可或缺的部分，因为译者是翻译中重要的组成部分。没有译者，何来翻译？译者行为研究正是以译者为中心，将“以人为本”与“以文为本”的翻译路径进行呼应的翻译批评研究（王宏志，2021）。如今翻译领域中对译者行为的研究，已经从“静态”的文本视域扩展到“动态”的人本视域，主要探索译者的心理活动和翻译行为。译者不仅需要熟练掌握、深刻理解源语和目的语，还需要统筹协调翻译环境、文本及群落关系，进而达到对外翻译的效果。

从翻译的基本层面看，译者是“语言人”，译者的思维活动、语言分析、语码转换、脑力分配、认知程序、决策过程、翻译策略使用等都影响着译者的翻译质量，更是其翻译能力提升的重要基石。在生态翻译学视域下，译者行为研究是把译者作为“生态人”，从译者的生存境遇出发确立译者主导、译者责任、译者发展，并通过建构译者生存、文本生命、翻译生态之间的和谐关系来履行生态翻译，这就是译者研究发展的生态定位。探索生态翻译下的译者生存境遇，既要关注文本的生命状态，又要了解翻译的生态整体，这是译者行为研究发展的生态定位。可以说，生态翻译学视域下的译者行为研究与生态定位是翻译领域实现理论创新的研究方向。

（一）译者行为研究的研究问题

关于译者的研究问题覆盖面广泛，基本包括译者研究演化背景、译者研究演化过程、译者理论体系、译者方法论、译者认识论、译者责任、译者意识、译者行为、译者权限、译者主体性、译者主体间性、译者伦理、译者主观能动性、译者的自主性、译者规范性、译者角色、译者发展、译者行为批评、译者言语行为、译者意志等问题。

基于上述有关译者的诸多研究问题，学界又对译者行为进行了解读，进一步研究译者在翻译过程中的行为，具体研究问题包括译者行为的定义与边界、译者行为的分类框架、译者行为与翻译理论的关系、译者行为模式、译者行为批评、译者行为的动态过程、影响译者行为的因素、译者个体差异、译者行为的规范与责任、译者行为研究面临的挑战等。对译者行为的诸多研究把“语言学转向”的本体论困境转移到了“文化转向”的认识论问题，这种问题引发译者深入思考与反思。以“译者行为”为研究对象的研究，关注翻译行为的立足点，涉及外化机理、翻译动态、译者属性、人本属性等观点。

（二）译者行为研究发展的三个阶段

译者行为研究的发展经历了从翻译批评研究的文字层面到文化层面的转变。对译者行为的探讨，更多关注译者身份和译者角色，可以从译者在翻译时的心理活动和外部行为对其翻译的译文质量进行双向评价，也就是说，不再将对译者的翻译局限在文本层面，而是扩展到了翻译以外的社会层面，更多地关注社会因素，彰显了译者行为的主体地位。那么，从译者的“翻译外部”回归到译者的“翻译内部”，即“翻译的本源是什么?”“译者该如何做?”等问题，就需要考虑译者行为和所译译文的质量之间的关系、译者的身份和社会角色有没有发生变化及如果发生变化有什么影响、译者行为是否影响译者的译内行为、译者行为是否影响译者的译外行为等因素。

通过重新审视译者行为，了解译者行为研究的发展与哪些因素有关后，可以将译者行为研究发展梳理为三个阶段。

第一阶段是译者的翻译行为发生在翻译内部，出发点是翻译文本的批评视域，时间点是在“文化转向”之前。这个阶段的主要特征首先是以译者翻译的源语文本为中心，译文将忠实作为评定译者行为的标准。其次，在翻译过程中，把译文与原文的近似程度和客观对等性作为译者行为的评价标准。最后，译者行为所处的境地是译者不直接让读者了解，处于隐形的状态。

第二阶段是译者行为发生在翻译外部，主要以文化批评为焦点，发生在“文化转向”之后。在这一阶段，研究主要考虑将译者的译本置于历史文化语境之中，重点关注译者的主体性问题，同时又考虑影响译者翻译文本的外在因素有哪些。在这一阶段下，译者行为表现为译者显形。

第三阶段是译者行为既发生在翻译内部也发生在翻译外部，是对翻译行为的审视。首先，对译者行为的研究以译者行为为切入点，关注译者的主体意识，对译者行为和译文质量进行双向的评价和探讨。其次，重点关注译者翻译之后的译文质量如何。最后，把译者的主体身份和译者的角色转化作为译者行为与译文质量的关联影响。

（三）译者行为研究的研究方法

译者行为研究经过十几年的探索，从无到有，在翻译理论发展以及译者翻译能力提高方面奠定了一定的理论与实践基础。研究译者行为的“翻译内外层次化”发展需要在正确的指导方法下进行。

扬州大学周领顺（2021）认为，译者行为研究方法应当按照体系化发展脉络进行评价与实践，并在“求真-务实”的连续统评价模式下进行探索。译者作为翻译主体具有语言性和社会性的双重视野，可以从静态和动态、文本和人本、翻译内部和翻译外部等视角进行解释。如果把译者行为研究涉及的意志性、层次性、连续性、逻辑性作为相关联系主体的话，对于译者行为研究相互印证的研究方法进行探索有助于提高翻译研究的全面性、客观性和科学性。

译者行为研究由内部社会性和外部社会化的内外性一条主线贯穿始终，可以从“意志—行为—痕迹—规律+应用”的视角进行描写，以“求真-务实”的连续统评价模式进行阶段性特征描写和分析，不使用割裂式的、二元对立的方法，要最大限度地确保客观和公正。整体上来说，从翻译内外到“求真-务实”相关性视角，把“译者行为=文本+译者+翻译内外”等因素作为研究的重点，可以更好地、全面地和深刻地领悟译者行为。在“求真-务实”的连续统评价模式指导下的“译者行为”“译者行为批评”“译者行为连续统一”“译者行为准则”“译者行为评价模式”“译者行为批评模型”“译者行为度”“译者角色化”“译者行为语言化”“译者行为执行化”“译者行为社会化”等，是译者行为研究衍生出的众多研究问题。

第二节 从译者中心到译者责任

译者,顾名思义,指从事翻译的人,译者行为是翻译人的行为。在译前、译中、译后的翻译过程中,译者对译作进行的阅读、修改、删减、改写等都属于译者行为,并且这些行为贯穿整个翻译过程。译者群体包括不同性别的男女译者群体,依据地域划分为某一区域的译者群体,依据译者身份划分为本土译者群体、外来译者群体以及汉学家译者群体等,依据作品划分为某一作品的译者群体(王亚 等,2023)。不同的译者群体在进行翻译的过程中会展现出不同的译者行为,这些不同的译者行为往往涉及同样的译者责任。

译者作为翻译活动的主要执行操作者,在翻译过程中需要承担译者生存、译者发展、译者能力、翻译成功与否等译者责任。成功的翻译取决于译者的能力,译者的能力促进译者的发展,而译者的发展又建在译者的生存基础之上(胡庚申,2014)。当译者的翻译状态与主观创造性受到肯定时,译者的自主权就会进一步提高,但是相应地,译者的责任也就更大了。译者中心的理念包含译者受到重视、译者得到发展、译者潜力得到发挥、译者的创造性劳动获得认同等内容，这也是译者行为的目的所在。当译者得到尊重、地位显著提高、成就得到彰显后，译者的责任感也会变强，这一职业生态也将发生系统性变革，不仅重塑译者个体的职业认同与发展路径，更可能推动翻译行业的范式转型与文化传播格局的重构。

以译者为中心的发展理念的实现主要体现在两个层面上：其一是微观操作层面，体现在翻译过程中的“译者主导”；其二是宏观理性层面，体现在翻译伦理层面的“译者责任”（胡庚申，2014）。

如今，译者责任正在不断受到翻译界专家学者的关注，这也是译者行为研究走向成熟和理性发展阶段的体现。译者责任，简而言之就是指译者在整个翻译活动中担负的责任，具体表现为译者尽职尽责地做好翻译工作。从宏观视角看，译者责任涉及译者的译作质量、译作读者认可度、译作传播范围等。从翻译伦理视角看，译者责任涉及翻译路径、译作传播路径等。从生态翻译学视角看，译者责任涉及协调各方关系承担翻译的生态理性责任，即译者通过翻译行为尽力保持生态平衡，促进翻译与周围群落的相互协调发展。同样可以这样理解，译者通过译者责任实践翻译的生态整体观，通过翻译生态环境内外的全部内容承担相应责任。

从译者中心到译者责任，本质上是翻译行业从“个人主义”向“社会契约”的进化。在全球化与数字化交织的今天，译者不再是孤立的“语言转换者”，而是文化生态的“守护者”、社会公正的“参与者”。

第十章

生态翻译学视角下的外宣翻译

以生态翻译学视角探索外宣翻译是当代翻译研究的机体主义理论生命观的展现。在翻译研究的发展历程中，生态翻译学从生态学视角为外宣翻译探索出一个相对可靠的元科学概念，把文本生命、译者生存与翻译生态视为研究对象的一种翻译研究范式（罗迪江，2021）。

第一节 生态翻译学视角下的外宣翻译解读

生态翻译学是一种以“生命”为导向的翻译思维理论，从文本移植、生态平衡、适应选择三个方面建构了生态范式的翻译研究。生态翻译学视角下的外宣翻译就是以生态学的视角审视外宣翻译文本，在生态翻译学理论的指导下通过外宣翻译传播独特的中国文化。因此，译者要采取以国外受众为主和以中国表达为主相结合的翻译策略，向国际传递中国外宣话语的价值观和社会文化信息。

一、生态翻译学与外宣翻译

生态翻译学以翻译生态、文本生命、译者生存为研究对象，从生态学视角对翻译进行描述与解释（Hu，2020）。生态翻译学中的“四译说”是从问题出发，在何为译、如何译、谁在译、为何译的基础上建构发展起来的（胡庚申，2013）。“四译说”的具体内容如下：“何为译”强调的是“文本移植”，“如何译”指向的是“适应选择”，“谁在译”关涉的是基于译者生存引入“以译者为本”的翻译理念，“为何译”阐述的是“适者生存”与“译有所为”（胡庚申 等，2021）。总的来说，“四译说”研究的是关于“生”的问题。

外宣翻译作为翻译的一种特殊形式，是以让世界了解中国为目的、以各种媒体为渠道、以国外受众为主要传播对象的交际活动（张健，2013），其主要任务是服务国家经济、促进社会改革、宣传中国形象、树立中国形象、传播中国声音。生态翻译学视角下的外宣翻译是动态的，以“生”为问题域的内核，寻求翻译的本质与属性，实现外宣翻译生态、外宣文本生命和外宣译者生存的三项认证。

二、生态翻译学视角下的外宣翻译文本类型

生态翻译学视角下的外宣翻译文本可以分为不同类型。首先，政府类文本，包括中国官方的政策文件、政府工作报告、法律法规等，这些用于传达中国及各省市政府的政策措施和发展方向。其次，经济类文本，包括经济数据报告、行业白皮书、企业介绍等，这些用于传递中国经济信息、塑造国家经济形象。再次，学术类文本，包括学术组织、学者的研究成果，学术会议论文等，这些用于传播中国在各学科领域的研究成果和学术进展。最后，文学类文本，包括小说、诗歌、散文等，这些用于展示中国的文学创作和文化内涵。

三、以"适应选择"为基底的外宣翻译

"适应选择"是生态翻译学研究的基础，也是外宣翻译活动与翻译生态环境相适应的诠释。翻译与自然环境间是"翻译↔语言↔文化↔人类↔生物界"相互适应的关系，体现了达尔文"自然选择"和"适者生存"的基本原理。外宣翻译的生态环境是源语语言和目的语语言相互间呈现的情景，是外宣翻译的原文作者、交际文本、交际活动、交际语言、文化交际、外宣文字、源语背景以及目的语读者、交际对象、政府机构等互相联系、互相影响的整体结构。在生态环境下的外宣翻译文本既是平衡的，也是动

态的。外宣翻译文本的平衡是指着眼于整体性的生态翻译平衡，外宣翻译文本的动态是指在翻译过程中要不断循环地进行适应选择，强调在整体中文本各个部分之间的互相作用和互相联系。

适应选择论强调外宣翻译的以译者为中心的理念。译者是整个生态环境中的一部分，是生态环境中最活跃、影响力最大的群体。外宣翻译的过程是译者适应外宣文本特定内容与译者选择外宣语言、对外交替循环、面向世界呈现外交话语的过程。在多维度的选择性适应与适应性选择之中对外宣翻译文本进行转换，主要包括语言维、交际维和文化维的三维转换，以呈现出外宣翻译的最佳翻译文本，即达到整合适应选择度最高的翻译。

外宣翻译适应选择论，就是要在翻译实践过程中，译者具有适应与选择的基本能力。在外宣翻译过程中，翻译生态环境影响着译者的“最佳适应”，译者在特定的外宣文本中，需要将翻译生态环境中的各个国家之间、政府之间、公司之间等群体之间涉及的译者选择适应问题进行优化选择。以此，为译者提供“多维度适应”和“适应性选择”的基础与条件，是译者适应外宣文本翻译生态环境的实质所在，也是外宣翻译生态选择的翻译实践过程所在。

四、生态翻译学视角下的外宣翻译话语体系

生态翻译学的理论话语体系是以文本生命、译者生存和翻译生态的“三生”论域贯穿生态翻译思想。

在外宣翻译的过程中，以生态整体主义为理念，构建出一套较为系统的理论话语体系，即生态翻译学视角下的外宣话语体系，是生态翻译学研究的新突破，突显外宣翻译话语体系中的中国风格与中国声音。通过外宣翻译表现中国“本土化”与“国际化”的对外传播模式，生态翻译学创建了系统的、具有中国特色的外宣翻译话语体系。基于外宣翻译的本土化术语体系与话语体系以及外宣生态翻译理念，建构外宣翻译的生态环境、生态平衡、文本、译者、文本移植、适者生存等生态范式，指引生态翻译学视角下的外宣翻译话语体系的传播。生态翻译学视角下的外宣翻译话语体系既是国家政策、国际话语体系、政府外宣策略的传播载体，也是生态翻译学不断发展、整体突破与自我完善的生态路径。

生态翻译学视角下的外宣翻译话语体系的构建是不同的理论思想之间交流互鉴的结果，是外宣翻译研究的创新，是丰富外宣翻译话语体系的根本生态范式框架。以生态理性探索外宣翻译的互联互动生态范式，从人类学、翻译学、外宣机理、语言学、文化学等视角强调外宣翻

译话语体系研究的整体性与复杂性，促进外宣翻译生态系统在生态本体论、生态认识论、生态方法论的话语体系构建上产生深刻变革，形成外宣翻译话语体系的生态理论意旨、思维特征与价值取向翻译路径。

（一）多维策略的外宣翻译话语体系建构

中国的外宣翻译话语体系是特定时代的产物，在对外话语内容上是中国化的意识形态的体现。外宣翻译话语体系具有中国特色，彰显中国对外宣传的文化自信，反映中国的外交立场。外宣翻译的对外话语在形式上具有全球化与国际化的特点，译文符合国外受众的接受心理、阅读习惯与理解能力。

中国外宣翻译话语体系涵盖中国的政治、经济、社会、文化、外交、民生等内容，建构多维策略的外宣翻译话语体系是中国国家形象展示的标志。通过外宣翻译可以改变国外媒体机构“他塑”的中国国家形象。诸如中央文献、政府文件、国家外交政策、重要会议文件等重要的文本可以采用中国专家翻译、外国专家润色、中国专家定稿的翻译模式；诸如事业单位、国内企业的对外经济贸易往来和对外业务洽谈等情况可以利用中外合作翻译等模式，形成中国形象的“自塑”。建构多维策略的外宣翻译话语体系实际是中国在国际上话语权的体现，也是中国政治实力、经济实力、社会实力、军事实力等综合国力的延伸，更是中国在推进“一带一路”倡议、构建人类命运共同体过程中，对全球话语体系中中国表达的一个重要贡献。

（二）“全球话”思维的外宣翻译话语体系格局构建

构建“全球话”思维的外宣翻译话语体系格局是外宣翻译的机遇和挑战，是推进中国对外话语传播、提升国家形象的重要着力点。黄友义（2022）认为，要有说“全球话”的思维，才能把握国际话语权。构建中国对外话语体系，首先要了解什么是国际话语体系，通过提炼出国际话语体系的特点，深入研究国际话语体系背后的思维问题。中国对外话语体系主要在表达能力上还有提升的空间，要力争每一句话都得到世界的正确解读。

融通中外的外宣翻译话语体系，首先需要通过语言翻译来构建。推动构建与我国当代政治、经济、社会发展实力相匹配的国际话语权是提升我国综合实力的最好方式。在实际外宣翻译层面，要对一些诸如“中国梦”“一带一路”“人类命运共同体”等国家词汇进行权威解读。在外宣翻译过程中，需要提升外宣翻译话语体系的国际化程度和传播力，把中国的文化传统与世界表达相结合，通过多渠道、多角度、多层次、多方位、多形式的方式讲好中国故事、传达好中国声音、做好对外宣传的全球布局，推动“全球话”思维的外宣翻译话语体系格局的构建。

五、生态翻译学视角下的外宣翻译策略

外宣翻译的好坏直接影响着世界对中国的看法以及对中国国际形象与政治话语结构的间接理解。生态翻译学视角下的外宣翻译，本质是译者与翻译生态环境的共生实践。具体的翻译策略如下。

第一，“4＋1”的策略。“4”指的是中国化、深层次、多样化、易接受，“1”指的是外宣文本的生态特性。外宣翻译工作者需要厘清外宣文本的特点与特性，灵活运用各种翻译方法对外宣文本进行中国化分析，探寻中国特色的语言表达，对其进行深层次解读，帮助国外受众准确地理解中国外宣语言的中国表达，进而从生态翻译学的视角阐明中国智慧、中国精神与中国方案。

第二，三维转换的策略。三维转换即语言、文化、交际的协同。语言维是指通过突破形式对等，追求功能对等；文化维是指通过填补文化空缺，避免文化误读；交际维是指要明确传播意图，优化受众接受程度。生态翻译学将翻译视为译者与翻译生态环境的共生系统，而三维转换是该理论的核心实践路径。其本质是通过语言维的适应性重构、文化维的认知性补偿、交际维的意图性显

化，实现翻译生态中“形式-功能-意义”的动态平衡。这一策略强调译者需以生态理性为导向，在多重生态因子制约下完成适应性选择。

第三，建设专业外宣翻译译者队伍的策略。外宣翻译的生态定位与翻译难度远远大于其他类型的翻译，基于此，可以通过建设一支专业的外宣翻译译者队伍，打造外宣翻译的基础。外宣翻译的译者需同时适应源语生态如文化符号、政策语境等，与译入语生态如受众认知、传播媒介等，在翻译过程中完成语言形式重构、文化内涵解码、交际意图传递的三重任务。因此，要使外宣文本转换成目的语，需要一批外文与中文造诣深厚、学贯中西的优秀翻译专家。优秀的外宣翻译译者既要有“全球话”的外语思维能力又要有通晓中国上下五千年的优秀传统文化的知识底蕴，既要翻译出忠实于原文的译文，又要考虑目的语读者的阅读习惯与审美需求。鉴于此，加大外宣翻译译者队伍建设的力度、培养优秀的外宣翻译译者的任务刻不容缓。因此，国家也在通过全国 DTI 翻译专业学位教育、MTI 研究生专业学位教育、各种翻译研修等方式，培养精通各语种的译者，在生态翻译学理论指导下注重译者责任与译者身份的建构，努力培养一批具有家国情怀与国际视野的优秀的外宣翻译译者。

第四，外宣翻译话语阐释策略。外宣翻译话语阐释是进行外宣翻译的首要前提。话语阐释（discourse interpretation）是指用更具体、更全面、更易解的话语来解释和补充原文中较抽象、较复杂的话语信息（赵祥云 等，2022）。在外宣翻译过程中的话语阐释是指用内涵丰富的政治术语和概念，借助生态语境，传递给目的语读者准确的外宣信息、传播中国优秀传统文化。

第二节　生态翻译学视角下的外宣翻译译者行为解读

法国思想家福柯（1981）认为，主体是一个重要概念，主体是由话语建构，包括社会主体和译者主体，社会主体是身份、地位和意识形态等的话语表达，译者主体是话语建构和话语实践的翻译体现。话语具有强大的传播力量，是对外讲好中国故事的话语实践。

在生态翻译学视角下对外宣文本进行翻译，译者的翻译行为是首先要考量的。翻译行为是指译者为实现语言转换而进行的一系列活动（Nord，2001）。国内学者罗选民（2013）认为："翻译不仅仅是一种语言行为，它还是一种文化行为、教育行为。"翻译行为是把翻译中所有的语言转换、选择、改写等活动都归于翻译行为。本节主要从外宣翻译中的译者翻译思想、译者生态责任、译者主观能动性、译者行为意识等方面对生态翻译学视角下的外宣翻译译者行为进行解读。

一、外宣翻译中的译者翻译思想

外宣翻译的译者在翻译活动中的思想左右着其翻译行为。译者对翻译的理解,体现在宏观方面与微观方面对字、词、句选择的不同处理,这也是准确进行外宣翻译的因素之一。外宣翻译是将中国的对外话语转化为另一种语言的过程。在外宣翻译的过程中,译者需要认真阅读原文、理解源语文本、了解原文作者的目的等,通过不断克服外界的干扰和个人主观意识的影响进行准确翻译,使译文无限接近源语文本。

生态翻译学视角下的外宣翻译中最重要的是要弄清楚源语文本给读者传递的信息是什么、以什么样的方式进行传播、传播的最终目的是什么等问题。带着这些问题进行外宣翻译时,译者可以从三个阶段进行探索:地基阶段、建房阶段、房顶阶段。首先,地基阶段。外宣翻译的译者要遵循充分忠实于原文的准则,将原文内容一字不差地呈现给国外受众。其次,建房阶段。外宣翻译的译者可以通过反复校对、改写、检查、修正等方式,把外宣文本译得更符合中国文化、中国表达,生动地再现中国形象,让国外受众在读懂内容的同时,了解其中的中国情结,增加外宣翻译文本的可读性。最后,房顶阶段。在前面两个阶段,外宣翻译的译者为最终译文的产出作了良好的铺垫,在最后阶段译者可以通过对译文的改写来弥补目的语中缺失的源语中国家声音的表达,力求通过最终译文准确地表达中国声音与中国力量。

二、外宣翻译中的译者生态责任

在外宣翻译的过程中,译者要承担翻译的生态责任。译者生态责任是由外宣文本中涉及的对外宣传特点所决定的,译者始终需要与翻译生态、文本生命互联互动,原因在于译者生存与外宣翻译文本的对外宣传目的、特点、结构、媒介、受众等息息相关。外宣翻译的译者生态责任表现为译者与外宣文本、译者与外宣翻译群落、译者与外宣翻译生态环境的和谐统一。译者生态责任涉及外宣翻译中原文与译文之间的互联互动,存在于整个外宣翻译的生态环境之中。外宣翻译的译者存在就是一种生态化的存在,它决定了译者是一种与翻译生态、文本生命相关的整体生态存在。

译者的生态责任是译者具有"生态人"特征的体现,在外宣翻译中译者要对自身主体性的存在、外宣文本生命、翻译生态承担起自己应有的生态责任。这就需要译者有意识地、主动地追求译者生存、文本生命、翻译生态之间的和谐关系(罗迪江,2020)。在进行外宣翻译时,译者要处理好和外宣文本的关系,即扮演好改写、操纵外宣文本的角色,建立起与外宣文本彼此适应、相互依赖的和谐关系。译者的生态责任体现为译者在处理与翻译生态环境关系时,准确地译出符合中国国情的翻译作品,达到与翻译生态环境相互依存、相互协调的和谐责任状态,起到外宣翻译的对外宣传作用。

三、外宣翻译中的译者主观能动性

在生态翻译学视角下的外宣翻译中,译者的主观能动性尤为重要。由于在翻译过程中译者受制于多种因素,如他们可能会直接或间接受多元化的翻译生态环境的制约,因此,发挥译者的主观能动性是外宣翻译的灵魂所在。

在进行外宣翻译时,一方面,译者要充分发挥对其主体作用,主观、能动地去看待原文、理解原文、掌握原文。因此,译者在翻译时不仅要考虑源语文本所处的时代背景、国际背景、国别背景、文化背景等,还要充分挖掘源语文本的生态背景。另一方面,基于翻译生态实践,译者要主动寻找文本生命,根据实际情况充分考虑外宣翻译需要遵循的翻译标准、原则，灵活选用合适的理论框架和翻译策略。因此，在生态翻译学视角下的外宣翻译过程中，译者只有充分发挥主观能动性，才能做到更好地适应外宣翻译的生态环境，从而产生出最佳的外宣翻译作品。

四、外宣翻译中的译者主体意识

外宣翻译的译者行为应秉持四种生态翻译学意识，这其中，外宣翻译译者的主体意识指引着译者的认知基础与翻译行动，在具体的翻译实践中起到重要作用。外宣翻译中的译者主体意识，本质是“国家叙事能力”的核心支撑，主要包括国家意识、政治意识、融通意识与传播意识。

（一）外宣翻译中的译者国家意识

国家意识，是指生活在同一国家的居民在长期共同的生产生活中形成的国民身份认同。国家意识作为国家与国民的精神纽带，是国家发展的内在动力。在外宣翻译实践中，国家意识在译者主体意识中居于首要地位。译者的国家意识体现为译者在翻译过程中认知的加深和行为的塑造，贯穿中国话语对外宣传翻译实践的始终。

国外受众通过外宣翻译认识和了解中国道路、中国理念和中国政策等信息，因此，译者需要具备良好的国家意识，这不仅是中国话语走向世界的前提，更是维护好国家利益、使外部世界了解当代中国的保证。例如，在 This Is Liaoning China——《中国辽宁宣传片》英文版中有一句话：It is the cradle of the "pillar products" of a great nation. Keeping in mind the most fundamental interests of the country. 在这句话中，a great nation 直接表达了"一个伟大的国家"的理念，译者使用正确的翻译体现了国家意志和国家利益，满足了国家文化强国战略目标的需要。

（二）外宣翻译中的译者政治意识

在生态翻译学视角下的外宣翻译中，译者政治意识是指译者在翻译过程中需具备高度的政治敏锐性、责任感与策略性，以维护国家利益、塑造国家形象并实现政治等效传播。

在外宣翻译过程中，政治话语翻译的译者用政治意识引领外宣翻译实践，在译文中体现鲜明的政治文化与中国特色，表达中国的政治立场。因此，外宣翻译译者要时刻保持高度的政治敏锐性，在通过准确、得体译文传递原文主旨的同时，展现中国的政治制度和国家意志、构建完善的国家政治话语体系，以提升中国的国际形象和政治话语权。

（三）外宣翻译中的译者融通意识

外宣翻译中的译者融通意识指在跨文化传播场景下，译者以“文化共情”为底层逻辑、以“传播实效”为价值导向，达成外宣信息为国外受众所接受、文化被理解理解等目标。融通意识能够引领译者提升译文的融通性和交际性，因此，加快构建融通中外的中国式现代话语体系十分重要。

在生态翻译学视角下的外宣翻译中，译者在融意识与翻译生态环境的指引下，不断创新外宣翻译方法，确保译文在意义传达上的等效性。“融通中外”是一种中西文化间的互构式理念，需要外宣翻译译者准确把握外宣原文的精神风貌与生态意境，探寻跨文化意识理念下的交际双方的心理认知，形成语言表述上的共通性，从而更好地向国际社会、国外受众传达当今的中国意识与中国故事。为了提高外宣翻译译文的受众接受度，译者需要遵循简洁、通顺的原则，对具有中国特色的对外话语进行简化和显化处理，依据国际社会、国外受众对外宣话语的接受度进行调整，实现外宣翻译的融通效果。

（四）外宣翻译中的译者传播意识

外宣翻译中的译者传播意识，是指译者在外宣翻译的过程中，具备以实现有效传播为目标，充分考虑传播渠道、受众特点、传播效果等因素，主动调整翻译策略，确保信息准确、恰当、高效传递的意识。

良好的传播意识是外宣翻译译者应具备的素质，它要求译者综合使用传播媒介、注重传播环节与要素，利用广泛的视野来处理外宣翻译传播的问题。首先，传播意识可以帮助译者避免因文化差异或语言障碍导致的传播失效，使译文更贴合目标受众的认知习惯，增强信息的可读性和接受度。其次，传播意识可以使译者关注文化符号的转换与文化内涵的传递，确保中国文化的特色在译文中得以保留，同时让外国受众能够理解并接受。最后，传播意识可以引导译者根据传播目的调整翻译策略，确保译文能够实现有效服务于国家形象塑造、文化推广等目标。

第十一章

结 束 语

翻译是一项特殊的语言实践活动，语用学与生态翻译学为翻译研究注入了新的生命力与活力。翻译的主体必然是译者，而且是具有鲜活生命和思想的翻译人。

语用学视角下辽宁外宣翻译话语体系的构建聚焦对外宣传与国际传播下的语用与语言形式，以实现对外话语的准确转换与思想内容的有效传达。语用学翻译话语体系和外宣翻译策略是构建辽宁省外宣翻译话语体系的理论基础，在营造辽宁国际舆论新秩序、讲好新时代辽宁故事、促进国家外宣工作开展、提升国家形象等方面具有重要作用。

生态翻译学是在翻译适应选择理论的基础上发展起来的，译者行为作为当代生态翻译学领域中的一个重要主题得到了学界的广泛关注与讨论。译者处于不同语言与文化间各种力量交互作用的交互点上，既是翻译过程的主体，又是译事得以进行的基石。通过对译者行为进行反思与探讨、以生态翻译学为认识论导向，可以从更深层面把握译者行为研究的途径与生态定位。生态翻译学视角下的译者行为研究与生态定位是新时代需要进一步探索的课题，对于理解译者行为的发展趋向和把握译者行为的当代定位，都具有十分特殊的意义。

处于国家对外宣传前沿阵地的外宣翻译，对中国话语走出去、更好地阐述中国在新时代的实践成果、让世界了解并认同中国、提升国家的国际话语权等方面都具有重大意义。其中，提升国家的国际话语权的关键是必须打造具有中国特色的外宣翻译话语体系。

本书顺应新时代背景下的学术趋势，立足中华优秀文化，引入语用学与生态翻译学的理论和方法，力图在概念、范畴和言说体系构建的基础上，推动辽宁外宣翻译话语体系的建设，形成生态翻译学视角下的生态定位与译者行为发展模式。同时，本书在遵循理论与实践并重的原则以及语用学视角下的外宣翻译话语体系构建的基础上，探索了语用学视角下辽宁外宣翻译话语体系的构建、辽宁对外形象的传播、辽宁外宣翻译实践活动的可持续发展等，体现了外宣翻译行为背后的生态定位与译者行为的理论性和思想性。话语是在社会环境中发生的交际活动，生态翻译学的生态定位与译者行为都影响着译者的外宣翻译成果。外宣翻译是政府对外宣传的有效手段，对外宣传的信息翻译得是否准确、得当、适宜，都在辽宁的对外形象、政治立场，以及国外受众对其的态度等方面产生影响。针对语言本身的复杂性，提升外宣翻译的质量并渗透到语用学翻译话语体系的转换之中是语用学视角下的外宣翻译话语体系与辽宁形象的深度融合。

综上，本书对语用学翻译话语体系构建以及生态翻译学视角下译者行为进行了研究，致力于提升具有中国特色的外宣翻译质量，以期向世界其他国家传播辽宁的声音，让世界更深入地了解辽宁，进而促进辽宁社会、政治、经济的可持续发展。

参考文献

艾四林，吴潜涛，2023.高校马克思主义理论学科发展报告(2021)[M].北京：人民出版社.

曹润宇，王莹，2015.中国外宣翻译的问题与对策[J].山东社会科学(S1)：321-323.

曹志宏，2012.语用学产生和发展的哲学渊源[J].西安电子科技大学学报(社会科学版)，22(6)：116-119.

陈静，2011.海西主题外宣翻译的语用分析[J].福建农林大学学报(哲学社会科学版)，14(4)：89-92.

陈新仁，2017.跨学科前沿研究：伦理语用学[J].中国外语，14(3)：1，9-10.

陈新仁，2018.语用身份论：如何用身份话语做事[M].北京：北京师范大学出版社.

方梦之，2020.再论翻译生态环境[J].中国翻译，41(5)：20-27，190.

方梦之，袁丽梅，2017.当今翻译研究的主要论题：四种国际译学期刊十年(2004—2014)考察[J].外语与翻译,24(3):1-7,98.

费道罗夫,1955.翻译理论概要[M].李流,等,译.北京:中华书局.

冯庆华,2010.实用翻译教程(英汉互译)[M].3版.上海:上海外语教育出版社.

辜正坤,2004.互构语言文化学原理[M].北京:清华大学出版社.

顾世民,肖成笑,2023.《习近平用典》的外宣翻译策略与对外传播理路研究[J].上海翻译(4):20-25,95.

顾忆青,吴赟,2021.国家对外话语体系的译介与传播研究:评述与展望[J].同济大学学报(社会科学版),32(1):113-124.

郭亚东,陈新仁,2020.新时代我国对外话语研究的进展、议题与范式[J].外语界(6):12-18.

何娟,2021.构建中国特色对外话语体系的世界意义探析[J].理论导刊(5):56-63.

何兆熊,1989.语用学概要[M].上海:上海外语教育出版社.

何兆熊,1997.90年代看语用[J].外国语(上海外国语大学学报)(4):1-4.

何自然,1988.语用学概论[M].长沙:湖南教育出版社.
何自然,1997.语用学与英语学习[M].上海:上海外语教育出版社.
何自然,2013.语用学与邻近学科的研究[J].中国外语,10(5):19-27.
何自然,段开诚,1988.汉英翻译中的语用对比研究[J].现代外语(3):61-65,74.
何自然,冉永平,1998.关联理论:认知语用学基础[J].现代外语(3):93-108.
黑玉琴,2013.跨学科视角的话语分析研究[M].北京:北京大学出版社.
洪卫,2012.从信息释义角度谈外宣词汇翻译策略:以新词为例[J].西安电子科技大学学报(社会科学版),22(4):85-88.
胡范铸,2015.幽默语言、谎言、法律语言、机构形象修辞、实验修辞学……研究的逻辑起点:基于“新言语行为分析”的思考[J].华东师范大学学报(哲学社会科学版),47(6):1-9,164.
胡庚申,2004.翻译适应选择论[M].武汉:湖北教育出版社.
胡庚申,2008.生态翻译学解读[J].中国翻译,29(6):11-

15,92.

胡庚申,2011.生态翻译学的研究焦点与理论视角[J].中国翻译,32(2):5-9,95.

胡庚申,2013.生态翻译学:建构与诠释[M].北京:商务印书馆.

胡庚申,2014.从"译者中心"到"译者责任"[J].中国翻译,35(1):29-35,126.

胡庚申,2017.若干生态翻译学视角的应用翻译研究[J].上海翻译(5):1-6,95.

胡庚申,2019.翻译研究"生态范式"的理论建构[J].中国翻译,40(4):24-33,188.

胡庚申,2021.生态翻译学的理论创新与国际发展[J].浙江大学学报(人文社会科学版),51(1):174-186.

胡庚申,罗迪江,2021.生态翻译学话语体系构建的问题意识与理论自觉[J].上海翻译(5):11-16,95.

胡开宝,2023.国家外宣翻译能力:构成、现状与未来[J].上海翻译(4):1-7,95.

胡开宝,张晨夏,2021.中国当代外交话语核心概念对外传播的现状、问题与策略[J].浙江大学学报(人文社会科学版),51(5):99-109.

胡兴文,张健,2013.外宣翻译的名与实:张健教授访谈录

[J]. 中国外语,10(3):100-104.
胡壮麟,1980. 语用学[J]. 国外语言学(3):1-10.
胡作友,戴林杉,2022. 翻译规范:遵循抑或超越:宇文所安《文心雕龙》英译本的启示[J]. 外语学刊(4):78-83.
黄友义,2004. 坚持"外宣三贴近"原则,处理好外宣翻译中的难点问题[J]. 中国翻译,25(6):27-28.
黄友义,2022. 从"翻译世界"到"翻译中国":对外传播与翻译实践文集[M]. 北京:外文出版社.
黄友义,黄长奇,丁洁,2014. 重视党政文献对外翻译,加强对外话语体系建设[J]. 中国翻译,35(3):5-7.
霍红,2014. 语用学的哲学源起再探[J]. 学术探索(8):124-128.
金正昆,2003. 试论当代中国外交形象的塑造[J]. 国际论坛,5(3):35-39.
孔令翠,刘巧玲,2018. 翻译亦营销:基于 SWOT 分析法的外宣翻译策略研究[J]. 外国语文,34(1):127-133.
拉斯韦尔,2003. 社会传播的结构与功能[M]//张国良. 20 世纪传播学经典文本. 上海:复旦大学出版社:199-210.
蓝红军,2018. 改革开放以来的中国译学理论建构[J]. 中国翻译,39(6):12-14.

蓝红军,2021.国家翻译能力的理论建构:价值与目标[J].中国翻译,42(4):20-25.

李林波,2012.中国翻译研究中的“转向”[J].湖北大学学报(哲学社会科学版),39(2):85-89.

李民,陈新仁,2018.国内外语用能力研究特点与趋势对比分析[J].外语教学理论与实践(2):1-8.

李宇明,2011.提升国家语言能力的若干思考[J].南开语言学刊(1):1-8,180.

梁凯音,刘立华,2020.跨文化传播视角下中国国际话语权的建构[J].社会科学(7):136-147.

林煌天,1997.中国翻译词典[M].武汉:湖北教育出版社.

刘春阳,2013.谈外宣翻译人才的基本素质[J].外语学刊(1):117-121.

刘宓庆,2001.翻译与语言哲学[M].北京:中国对外翻译出版公司.

刘云虹,2012.选择、适应、影响:译者主体性与翻译批评[J].外语教学理论与实践(4):48-54.

卢小军,2012.外宣翻译“译+释”策略探析[J].上海翻译(2):40-43.

罗迪江,2020.译者研究的问题转换与生态定位:生态翻译学视角[J]. 中国翻译,41(5):13-19,190.

罗迪江,2021. 当代翻译研究的机体主义建构:翻译生命观的构想[J]. 中国翻译,42(5):15-24,191.

罗新璋,陈应年,2009. 翻译论集(修订本)[M]. 北京:商务印书馆.

罗选民,2013. 作为教育行为的翻译:早期清华案例研究[J]. 清华大学教育研究,34(5):16-24.

莫爱屏,2011. 翻译研究的语用学路径[J]. 中国外语,8(3):88-94.

彭凤英,2022. 新时代外宣工作的基本原则和翻译策略:评《新时代对外宣传与翻译研究》[J]. 科技管理研究,42(21):259.

彭南生,2023. 华中师范大学校友风采:学术篇[M]. 武汉:华中师范大学出版社.

彭萍,郭彧斌,周江萌,2018. 西藏时政外宣翻译存在的问题与对策[J]. 西藏民族大学学报(哲学社会科学版),39(1):116-120,125.

钱冠连,1997. 翻译的语用观:以《红楼梦》英译本为案例[J]. 现代外语(1):32-37.

冉永平,2005. 当代语用学的发展趋势[J]. 现代外语,28(4):403-412.

冉永平,2011.语用学[J].中国外语,8(6):1,33.
冉永平,杨璘璘,刘平,2022.语用学的包容性及融合性[J].外国语(上海外国语大学学报),45(4):2-8.
任文,李娟娟,2021.国家翻译能力研究:概念、要素、意义[J].中国翻译,42(4):5-14,191.
佘双好,郭维,2022.习近平讲好中国故事的三重维度:话语体系、思想逻辑和价值意蕴[J].南昌大学学报(人文社会科学版),53(3):5-13.
孙敬鑫,2019."一带一路"对外话语体系建设的问题与思考[J].当代世界(1):74-78.
谭载喜,2004.西方翻译简史(增订版)[M].北京:商务印书馆.
屠国元,朱献珑,2003.译者主体性:阐释学的阐释[J].中国翻译,24(6):8-14.
王春林,2001.科技编辑大辞典[M].上海:第二军医大学出版社.
王宏志,2021.作为文化现象的译者:译者研究的一个切入点[J].长江学术(1):87-96.
王铭玉,崔雪波,2021."一带一路"背景下的对外话语体系与建构[J].山东外语教学,42(5):10-20.
王晓辉,2021.讲好中国故事,创新话语体系[J].天津外国语大学学报,28(6):7-11.

王晓辉,曾佳宁,2022.创新对外翻译传播模式,服务对外话语体系建设:王晓辉访谈录[J].山东外语教学,43(6):1-6.

王亚,文军,2023.国内译者研究30年:现状与展望[J].外国语文,39(4):121-130.

王寅,2015.语用学之理论前沿:简论普遍语用学和新认知语用学[J].外国语文,31(5):52-58.

维索尔伦,2003.语用学诠释[M].钱冠连,霍永寿,译.北京:清华大学出版社.

文秋芳,2019.对“国家语言能力”的再解读:兼述中国国家语言能力70年的建设与发展[J].新疆师范大学学报(哲学社会科学版),40(5):57-67.

文旭,2014.语用学事业:哲学、文化与认知视野[J].当代外语研究(6):54-58,125.

吴赟,2019.国家形象自我建构与国家翻译规划:概念与路径[J].外语研究,36(3):72-78.

吴赟,2020.中国特色对外话语体系译介与传播研究:概念、框架与实践[J].外语界(6):2-11.

武豹,吴学琴,2023.论中国式现代化话语体系的建构[J].中国矿业大学学报(社会科学版),25(1):13-26.

习近平,2014.习近平谈治国理政[M].北京:外文出版社.

习近平,2016.在全国党校工作会议上的讲话[M].北京:人民出版社.

习近平,2017.习近平谈治国理政(第二卷)[M].北京:外文出版社.

习近平,2020.论党的宣传思想工作[M].北京:中央文献出版社.

习近平,2022a.高举中国特色社会主义伟大旗帜 为全面建设社会主义现代化国家而团结奋斗:在中国共产党第二十次全国代表大会上的报告[M].北京:人民出版社.

习近平,2022b.习近平谈治国理政(第四卷)[M].北京:外文出版社.

夏登山,2020.《牛津语用学手册》评介[J].中国外语,17(5):108-111.

谢清风,黄璨,2022.主题出版"走出去"引领对外话语体系建设[J].科技与出版(7):13-20.

熊学亮,1999.认知语用学概论[M].上海:上海外语教育出版社.

许钧,穆雷,2009.翻译学概论[M].王克非,等,编著.南京:译林出版社.

许悦萌,刘永杰,2021.国内语用学翻译研究述评:现状与趋势[J].长春师范大学学报,40(9):93-100.

杨枫,2021.翻译是文化还是知识?[J].当代外语研究(6):2,36.

杨琳,许秦,2018.从个体形象到国家形象:基于微观视角的国家形象传播研究[J].国际传播(5):6-16.

杨明星,2008.论外交语言翻译的"政治等效":以邓小平外交理念"韬光养晦"的译法为例[J].解放军外国语学院学报,31(5):90-94.

杨哲宇,刘宝才,2017.顺应理论下中英跨文化语用失误研究[J].宏观经济管理(S1):367-368.

余秋平,2016.国家形象视阈下外宣翻译策略刍议[J].西安外国语大学学报,24(1):126-129.

曾文雄,2005.中国语用翻译研究[J].解放军外国语学院学报,28(2):62-66.

张健,2013.全球化语境下的外宣翻译"变通"策略刍议[J].外国语言文学,30(1):19-27,43,72.

张美芳,2004.编译的理论与实践:用功能翻译理论分析编译实例[J].四川外语学院学报,20(2):95-98,113.

张明权,2005.二元对立翻译观的文化解构[J].北京第二外国语学院学报(2):6-9.
张南峰,2004.中西译学批评[M].北京:清华大学出版社.
张新红,何自然,2001.语用翻译:语用学理论在翻译中的应用[J].现代外语,24(3):286-293,285.
赵世举,2015.全球竞争中的国家语言能力[J].中国社会科学(3):105-118.
赵祥云,赵朝永,2022.中国特色政治话语英译中的译者决策及其主体意识研究[J].外语教学理论与实践(4):11-21.
中共中央文献研究室,2017.习近平关于社会主义文化建设论述摘编[M].北京:中央文献出版社.
周领顺,2019.译者行为批评的理论问题[J].外国语文,35(5):118-123.
周领顺,2021.译者行为研究方法论[J].外语教学,42(1):87-93.
朱健平,霍兴,洪远,2021.从借鸡生蛋到借镜传统:关于中国特色翻译研究话语体系建设的一点思考[J].外国语(上海外国语大学学报),44(6):83-93.
朱义华,2019.外宣翻译的新时代、新话语与新思路:黄友义先生访谈录[J].中国翻译,40(1):117-122.

朱义华，张健，2021. 学科视野下的外宣翻译之“名”与“实”探究[J]. 上海翻译(5)：34-38.

朱英丽，2021. 增译研究述评：名实之辨[J]. 社会科学战线(9)：266-270.

祝朝伟，2020.《习近平谈治国理政》中典故的英译方法及对外宣翻译的启示[J]. 外国语文，36(3)：83-90.

BAKER M，2000. In other words：a coursebook on translation[M]. Beijing：Foreign Language Teaching and Research Press.

BERMAN A，1995. Pour une critique des traductions：John Donne[M]. Paris：Editions Gallimard.

BOULDING K E，1956. The image：knowledge in life and society[M]. Ann Arbor：University of Michigan Press.

BOURDIEU P，1991. Language and symbolic power[M]. Cambridge：Harvard University Press.

БАРХУДАРОВ Л С，1975. Язык и перевод[M]. Москва：Международные отношения.

CATFORD J C，1965. A linguistic theory of translation[M]. Oxford：Oxford University Press.

CHESTERMAN A，1997. Memes of translation：the

spread of ideas in translation theory[M]. Amsterdam/Philadelphia:John Benjamins Publishing Company.

CRONIN M G,2003. Translation and globalization[M]. London:Routledge.

FOUCAULT M, 1980. Power/Knowledge: selected interviews and other writings 1972-1977 [M]. New York:Vintage.

FOUCAULT M, 1981. The order of discourse [C]// YOUNG R. Untying the text: a post-structuralist reader. Boston:Routledge & Kegan Paul:48.

GRICE H P,1975. Logic and conversation[M]//COLE P,MORGAN J. Syntax and Semantics. Vol. 3. New York:Academic Press:41-58.

GUTT E,1991. Translation and relevance:cognition and context[M]. London and New York:Routledge.

HABERMAS J,1970. Towards a theory of communicative competence[J]. Inquiry,13(1/2/3/4):360-375.

HERMANS T, 2014. Positioning translators: voices, views and values in translation[J]. Language and literature:international journal of stylistics,2014,23(3):285-301.

HU G S,2020. Eco-Translatology:towards an eco-paradigm of translation studies[M]. Singapore: Springer Nature Singapore Pte Ltd.

KASPER G, BLUM-KULKA S, 1993. Interlanguage pragmatics[M]. New York:Oxford University Press.

KATAN D,1999. Translating cultures[M]. Manchester: St. Jerome Publishing.

KEMPSON R M,1975. Presupposition and the delimitation of semantics[M]. Cambridge:Cambridge University Press.

LEECH G N,1983. Principles of pragmatics[M]. London:Longman Group Ltd.

LEVINSON S C, 1983. Pragmatics[M]. Cambridge: Cambridge University Press.

MEY J L, 2001. Pragmatics: an introduction[M]. Beijing:Foreign Language Teaching and Research Press.

MORRIS C W,1938. Foundations of the theory of signs [M]. Chicago:The University of Chicago Press.

MUNDAY J, 2012. Evaluation in translation: critical points of translator decision-making[M]. London and NewYork:Routledge.

NEWMARK P, 1988. A textbook of translation[M]. New York:Prentice Hall.

NIDA E A, 2004. Toward a science of translating[M]. Shanghai: Shanghai Foreign Language Education Press.

NORD C, 2001. Translating as a purposeful activity: functionalist approaches explained [M]. Shanghai: Shanghai Foreign Language Education Press.

PENNYCOOK A, 2007. Critical applied linguistics: a critical introduction[M]. New Jersey: Lawrence Erlbaum Associates.

ROBINSON D, 1991. The translator's turn[M]. Baltimore and London: The Johns Hopkins University Press.

SCOTT-TENNENT C, GONZÁLEZ DAVIES M, TORRAS F R, 2000. Translation strategies and translation solutions: design of a teaching prototype and empirical study of its results[M]//Investigating translation. Amsterdam: John Benjamins Publishing Company: 107-116.

SPERBER D, WILSON D, 1986. Relevance: communication and cognition[M]. Cambridge: Harvard University Press.

STEINER G, 1975. After Babel: aspects of language and translation[M]. London: Oxford University Press.

TOURY G, 1985. Aspects of translating into minority languages from the point of view of translation studies [J]. Multilingua-journal of cross-cultural and interlanguage communication, 4(1): 3-10.

TOURY G, 2001. Descriptive translation studies and beyond[M]. Shanghai: Shanghai Foreign Language Education Press.

VAN DIJK T A, 1997. Discourse as interaction in society [M]//Discourse as social interaction. London: Sage Publications: 36.

VENUTI L, 1995. The translator's invisibility: a history of translation[M]. London: Routledge.

VERSCHUEREN J, 1999. Understanding pragmatics [M]. Beijing: Foreign Language Teaching and Research Press and Edward Arnold (Publishers) Ltd.

VYGOTSKY L S, 1978. Mind in society: the development of higher psychological processes [M]. Cambridge: Harvard University Press.

WARREN R, 1989. The art of translation: voices from the field[M]. Boston: Northeastern University Press.

WILSS W, 1996. Knowledge and skills in translator behavior[M]. Amsterdam: John Benjamins Publishing Company.

WILSS W, 2001. The science of translation: problem and methods[M]. Shanghai: Shanghai Foreign Language Education Press.

XI J P, 2014. Xi Jinping: the governance of China Ⅰ[M]. Beijing: Foreign Languages Press.

Xi J P, 2017. Xi Jinping: the governance of China Ⅱ[M]. Beijing: Foreign Language Press.